ヒビノカテ
まあいいか4

大竹しのぶ

幻冬舎

ヒビノカテ

まあいいか4

幸せの餃子、忘れないよ

「しのぶちゃん、美登飯店が今月で終わっちゃうんだって」と、友人の渡辺えりさんから電話を貰《もら》ったのは10日前のことだった。

下町にある小さな中華料理店で、ここのご主人が作る餃子《ギョーザ》は絶品だった。カウンターと小さなテーブルが二つあり、ご夫婦で切り盛りしているのだが、2階には宴会できるような座敷の部屋もあった。初めて行ったのはまだ20代の頃だ。芝居の稽古場の近くにあったので、帰りに寄ったり、劇場入りする稽古場最終日には必ず、演出家やスタッフさんとそのお座敷で、宴会を開く。大皿に盛られたこんがりと焼けた餃子は100個はあっただろう。スープまで全部飲みたくなってしまうこれも超大盛りの担々麺や、酸辣湯麺《サンラータンめん》。何もかもが美味《おい》しかった。楽しいご主人といつもニコニコしている優しい奥さまにエールをもらい、私たちは本番を迎えたものだった。

小さかった娘さんが、いつの間にかお手伝いをするようになって、そのうちに小さなお子さんを連れてくるようになった。稽古場がなくなってしまい、前ほど通えなくなっても、やっぱり最終日は美登飯店の餃子を食べたくなり、私たちは「今日はあそこだね」と、誰から言うともなく、少しだけ遠くなってしまったお店に向かった。

49年続いたご主人のお料理を食べて、どれだけたくさんの人が幸せになっただろうか。私は小さなプレゼントを持って、開店直後のお店を訪ねた。ご主人はびっくりした顔で私を出迎え、いろいろな話をしてくださった。聞けば半年ほど前に奥さまが倒れ、ご主人一人でやってきたのだが、この春から介護などの問題もあり、娘さんの嫁ぎ先の名古屋で一緒に暮らすことになったという。

油やスープのシミがついているご主人の白衣を見て胸がいっぱいになる。私たちは手を取り合って、別れを惜しんだ。「忘れない、忘れないよ」と私が言うと、ご主人は目に涙を浮かべながら、大きな声で「やめたくないよー」と叫んだ。

「ねえ、しのぶちゃん、食べていける？」。ご主人は若者のように、シャーッとカウンターをくぐり抜け、鍋を握った。何人かの常連さんと私のためにたくさんの餃子を焼いてくれるのだ。大きな中華鍋をシャッシャッと持ち上げる手つき、その職人の技に感動する。まだまだできると腕が叫んでいるようだ。

人生は残酷だなと私は思った。けれど、私たちは決して忘れないだろう。この小さなお店のこと、おじさんの全ての味を、お二人のことを。変わっていない店内。でもいつもそこにいた鯉《こい》がいない空っぽの水槽がやけに悲しかった。でも電話で話せた奥さまがおっしゃっていたように、新しい人生のスタートだ。幸せにね。そしてありがとう。

きょうの餃子も美味しかったです

思い出は光になって

『桜の木が何本も並び、ジョギングする人、家族連れで散歩をする人たちで賑《にぎ》わう大きな公園。向こうから少し年の離れた夫婦が、ベビーカーを押しながら歩いてくる。なんだかとても幸せそうである。夫婦とすれ違う時、若い奥さんが、「きれいねー」と慈しむように夫に話しかける。その声を聞いた時、「あれ、もしかして、この声は？」。振り向いてもう一度、女性を確認してみた。やっぱりそうだ。それが、しのぶさん、36年前のあなたですよ。桜の季節、あの公園を歩くたびに、あの幸せそうな光景が今も蘇《よみがえ》ってきます――』

毎週水曜日に夜9時5分から約1時間、私がとりとめもなくおしゃべりしているNHKのラジオ番組「大竹しのぶのスピーカーズコーナー」にメッセージが送られてきた。

たくさんの中から、その方のメッセージが選ばれたのは、番組が終わ

る2分ほど前だった。エンディングの忙《せわ》しない音楽が流れる中でも、それを読みながら、私の心にしっかりとその光景が蘇ってきた。

美しい桜の木々、少し舞っている花びら、心地よい太陽と、爽やかな風の中、散歩している私たち家族の光景が、あの時の自分自身の気持ちが蘇ってくる。息子はまだ生後3カ月。私は27歳だった。病気になって余命宣告されていた夫と（今のように告知をしない方が当時は多かったので、夫は自分の病名は知らずにいた）今年の桜を楽しんでいた。

来年の桜は3人で見ることはできないかもしれない、彼はもう二度と息子とこの公園を走ることはないかもしれない。当時の私は、彼との人生を、一日一日大切に、なおかつ穏やかに生きようと必死だった。

食事も家の中でのことも、私の仕事も、とにかく彼が心地よい生活ができることだけに全神経を費やしていた。そう、いつも笑顔で。彼はそんな私に応えるかのようにより優しくなる。もっと、もっととお互いが想いを深め合っていた。

次の年の桜はかろうじて見ることができたが、３人で散歩することは叶《かな》わなかった。あれから36年。全く知らない方からのメッセージで私はあの日に戻ることができた。美しい光の中に。思い出は色あせることはなく、いつでも光のように心の中に差し込んでくれるものだと思う。

必死で生きていたあの日々、こっそり一人涙する日もあったが、間違いなく幸せだったと言える。父の愛、母の愛、そして夫の愛、私の身体はいつも光でいっぱいのはずだ。幸せな気持ちで生きよう。あの頃のように、一日一日を大事にしよう。あの日、私とすれ違って下さったリスナーの方からの手紙で知った優しい思い出の光。喜びに満ちた一日になった。ありがとう。

夫が撮った写真です（画像の一部を加工しています）

300回、ありがとう

このコラムを書き始めて早8年。なんと、今日は記念すべき第300回になります。毎週、日々のあれこれを書き綴《つづ》っているだけのグダグダエッセイ。長い間続けてこられたのも読んでくださる皆様がいてくださるからです。そして何度も細かい直しにギリギリまで付き合ってくださる編集者のみなさまにも感謝です。

この8年の間にもいろいろなことがありました。一番大きかったのがやはり母との別れです。このコラムを楽しみにしていた母は、夕刊が来ると食事の前にまず音読をし、食後にまた読み返し、丁寧にハサミで切り取り、スクラップをしてくれていました。次第にまっすぐ切ることが困難になって、音読もできなくなりました。それでも最後までこのコラムを読もうとしてくれていました。

このコラムがあったから、母の最後の8年間を文字にして残すことも

できました。たくさんの方から慰めのお言葉を頂いたのも忘れられません。ありがとう。

そんな私は先日、劇作家の井上ひさしさんの故郷である山形県川西町で、井上ひさしを語り継ぐという「吉里吉里忌」に出席し、先生の思い出話をしてきました。私が主演した2002年初演の林芙美子の評伝劇「太鼓たたいて笛ふいて」の話もたくさんしてきました。先生を大好きな方たちが一生懸命、夢中で聞いてくださっています。

話しているうちに私はその戯曲に書かれたある言葉を思い出しました。役者というのは不思議なもので、セリフは何度も言っているので身体に染み付いているものですが、突然、あるト書きを思い出したのです。戦死したと思っていた男がボロボロの格好で彼女の家に来ます。「捕虜になったり、家に帰れなくなったり、辛《つら》いことばっかりだったども、先生の本を読んで、オラあ、いつも元気もらってただ」。それを聞いて芙美子は立ち上がり、彼に対して深々とお辞儀をします。そして言います。

「お帰りなさい」と。

そのセリフの前に書かれていたト書き……。それは「全世界の愛を込めて」でした。

なんて、なんて素敵なのでしょう。お客さんには分からないけれど、私は全世界の愛を込めて「お帰りなさい」を言っていました。深く、優しく、強く、精いっぱいの愛を込めて。

言葉の力は偉大です。何年経っても色あせることなく、人の心に生き続けることができるのだということを改めて思いました。私の発するこの新聞の上での小さな言葉が、読んでくださった方の心にちょっとでも寄り添えたならこんな嬉しいことはありません。気取らず、気張らず、正直にこれからも書いてゆきます。どうぞよろしくお願いします。

私の8年間のあれやこれやです

今できることを

「握っても握っても、指の間から命がこぼれ落ちていくのです」。彼女はそう言うと、唇をギュッと噛み締めた。ゴールデンウィークの真っただ中に、ニュースで観《み》たある訪問看護師さんの言葉です。

彼女は静かに質問に答えていた。コロナの中等症患者さんであっても病院に入れない状況の中で、重症患者さんまでも看《み》ることも増えてきたこと、感染リスクの恐怖と自分の仕事の使命感とのはざまで闘う日々であることを語る。

そんなある日、ある男性患者の家を訪問した玄関先で、その患者さんの母親がまるで祈るようにひざまずき、手を合わせながらこう言った。

「お願いします。息子を、息子を入院させてください」

なんとか、病院を見つけることができ、ホッとしながらまた次の訪問先へ。

数日後、その後の様子を聞くとお母さんが電話口でおっしゃった言葉……。「息子は亡くなりました」

「なんでしょう、握っても握っても、指の間から命がこぼれ落ちていくのです」。彼女は泣いてはいなかった。でもその表情をみれば張り詰めた風船が、針で突くとぱあーんと破裂してしまうように限界に、きていることがわかる。

私はただただテレビの前でため息をついた。次の画面に流れている、観光地で人が行き交うさまや、空港での楽しそうな人々の映像をぼんやりと見つめていた。翌日、北海道で五輪マラソンのテスト大会が開かれ、沿道での応援はしないでとのプラカードを抱え、主催者が呼びかける中、必死に走る選手たち。これもまた切なかった。優勝を果たした選手の方が、「医療従事者の方々も大変な状況ですが、走るということが僕たちの仕事なので今日は走りました」と。

本当なら大きな喜びなのに、応援も歓声もなく、喜んでもいけない気持ちにさせられてしまった選手たちも可哀想だなと思う。何が良くて、何がいけないのか、私たちはどうするのが正しいのか分からない。

今、6月に幕が開く芝居の稽古をしている。イギリスから来るはずだった演出家は来られず、急遽《きゅうきょ》リモートという形になった。

それでも芝居を作る理由はあるのか。それは、それが私たちの仕事だからだ。今こそ芝居を、といった気持ちはさらさら無く、それが私たちの生業だから。

パーフェクトの稽古状況ではないかもしれない。それでも私たちは芝居を作る。明日がどうなるかはわからない。一日一日、目の前の、できることをやっていくしかないのだから。

あの看護師さんの言葉を胸に刻み、今、自分自身がしっかりとやるべきことをやるしかないのだ。「明けない夜はない」というマクベスの言葉を信じて。

リモートで演出するフィリップ・ブリーンさんと

言葉の海を、少しずつ

頭がパッパッです。来月7日に幕が開く、アメリカのノーベル文学賞作家であるユージン・オニールの自伝的な戯曲「夜への長い旅路」の稽古の毎日。まさに本番への長い旅路を、今みんなと歩んでます。

演出は、今回3度目になるイギリスのフィリップ・ブリーン。絶大なる信頼感を持っている彼の細やかな演出を楽しみにしていたのだが、来日することは叶《かな》わず、リモートでの演出になった。

イギリス時間の朝6時、こちらの午後2時に稽古は始まる。フィリップは5時過ぎからカメラの前に座って私たちの到着を一人一人迎え、挨《あい》拶《さつ》をかわし、たわいもない話や、台本の疑問などあらゆる質問に答えてくださる。カメラを通して6千マイル離れている者同士がお互いに、触れ合いたくて会話する大切な時間。稽古が始まる。翻訳劇なので、セリフの解釈の確認を交えながら、本当に緻《ち》密《みつ》にひとつひとつを作り上げて

いく。
彼は早口に身ぶり手ぶりを交えながらエネルギッシュに言うべきことを話す。通訳の曜子さんが同じ速さでそれを日本語にする。私たちは画面に映るフィリップを見ながら半分も理解できない英語をとにかく聞く。そして日本語。つまり通常の稽古の2倍の量の言葉を聞く。なおかつこの戯曲が膨大なセリフ量でそのままやれば4時間近くになる量だ。私たちは一日中言葉、言葉、言葉の中に埋もれてゆく。7時間近く続く稽古だが、最後の方は日本語でさえ耳に入ってこなくなる。そのうえ登場人物が少ないからたまらない。1人で20ページくらい話すシーンもたくさんあるのに、早く先を見たいというフィリップの要望もあり、一日の稽古ページ数が50から60という尋常では考えられない速さで稽古が続く。
出演者全員が終わる頃は、呆然《ぼうぜん》としながらお互いに顔を見合わせ、ハハハとなんだか笑ってしまうという毎日。
それでも少しずつ、一歩ずつ私たちは前に進んでいく。これが稽古の醍醐味《だいごみ》なのである。といつもなら言いたいところだが、まだまだ苦しみの日々は続きそうだ。この原稿を書いている今も明日のセリフ40ページをこれから覚えようとしているなんとも無謀な私がいる。一体どうなることやら。こんな時「大変ねー、今日もお疲れ様」と一言でいいから言ってくれる人がいたらなぁと思う。ふと、母に会いたいな。とそんな感傷的になりそうな自分に気づくが、そうも言ってはいられない。「明日はゴミの日かぁ」とぶつぶつ言いながら、ゴミ袋をギュッと閉めた。

さあ、今から、メアリーになるのだ。

台本は340ページあります。稽古で修正され、毎日追加のプリントが届きます

忘れられない運動会

先日の日曜日、娘の小学生時代の友人が我が家に遊びにきた。ご近所で、小さな時から家にも泊まりにきていた女の子が立派なレディーになっていて、久しぶりにみんなで賑《にぎ》やかに思い出話を始める。娘の小学校時代は、クラスでなんだかんだと問題が起こり、何度も親が集まって話し合いが開かれた。私も行ける時は積極的に参加していたっけ。

ある日のこと、ドッジボールのチームを組むことになり、得意な2人の子供を前に立たせ、彼らに指名をさせチームを組んだという。娘は家に帰ってきて、「名前を呼ばれなかったり、嫌がられたりする子がいないかドキドキしたんだ」と私に言った。それを聞いた私が「それはおかしい」と言って激しく怒っていたことを今も覚えていると娘は言う。

毎日、先生や学校、はたまた子供たちにカッカッとなっていた。その度に疑問を学校側に提出し、答えを求めてきた。納得できないことはできないと常に意見したことを思い出す。「しっかりしてください」と弱気な先生を励ましたりもしていた。なんともまあ、熱血漢な保護者だった。

そんなある日、兄である中学生の息子が帰ってきて、リレーの選手に選ばれたと言う。息子が選手だなんて、これは一種のいじめではないかと疑う。いや、いじめではないにしても絶対に嫌がらせだ。なぜなら彼は、走るのが大変に遅いのである。すぐにでも学校に聞いた方がいいかなと思ったが、しばらく静観することにした。

練習が始まり、今日も僕のせいでビリだったと帰ってくる息子に、「そっかそっか、頑張れ頑張れ」としか言えない私。モヤモヤしたまま運動会当日。私はとにかくスタートラインに向かう息子を見守るしかできない。後で思いっ切り慰めようと心に決めていた。と、突然彼はなにを思ったのか運動靴を脱ぎ始めた。えっ、何するの？　そして今度は、靴下を脱ぎ、裸足になった。えー、何何何？

そして……。それが功を奏したのか、初めてビリから2番目でバトンを渡すことができた。チームの結果はそのままビリからの2番。そう、ビリではなかったのだ。ビリから2番。最高だ。どんな1番よりも嬉しかった。帰り際、先生にお話を伺う。なぜ彼が選ばれたか聞いてみると、「いやいや、二千翔《にちか》くん、自分から走るって言ってくれたんです。誰もやりたくないなら走るって。でも良かったです。いやあ、良かった良かった」。

帰ってきた息子は嬉しそうに「そうだよ。みんな嫌がって決まらないから、じゃあ走ろうかなと思ったの。直前に、あ、そうだ靴を脱いだら少しは速く走れるかもと思って。そしたらビリじゃなかった」。

なんでもカッとすれば良いってもんじゃありませんでした。

裸足で駆け抜けたビリから2番

もう何年も前のことなのに

今月1日は、母の誕生日だった。もし、今もいてくれていたなら、99歳になっていた。何年か前の夕食後のいつものお茶の時間、「この際100歳まで大丈夫だよ」と私が言うと、顔の前で小さく手を振り、笑いながら「とんでもない、もう十分生きました」。「オリンピックがまた東京で開かれるよ。そこまで頑張ったら？」と言っても、同じように笑っていたっけ。

1日の夜、私たち四姉妹はLINEで母の思い出を語り合う。本来なら、母の写真を前に食事でもしたかったが、緊急事態宣言中であるのと、私が芝居の稽古中でもあるのでそれは叶《かな》わず。姉から母のために買ったきれいな紫陽花《あじさい》の花の写真が送られてくる。2番目の姉からも小さいが綺麗《きれい》に手入れされた庭の紫陽花の写真が。「お母さん、お花好きだったねえ」

私が二十歳の時に父は亡くなり、会社の寮から私たちは小さな一軒家に引っ越した。母と妹と私の三人暮らしが始まる。小さな庭に母はたくさんの花を植えた。道ゆく人に綺麗ですねと言われると、本当に嬉《うれ》しそうだったのを覚えている。あ、そう言えば、よく植木屋さんが来て縁側でお母さんとお茶を飲んでいたねと、誰かが言い出す。飲んでた、飲んでた、しょっちゅう来てたねあの植木屋のおじさん。

母の背中とおじさんの笑顔が浮かんできた。痩せて、厚い丸いメガネをかけたおじさん、牧師さんのようにも見えるし、アニメに出てくるちょっと変わった近所のお爺《じい》ちゃんにも見える、不思議な雰囲気の人だった。実は私はなんとなくそのおじさんが好きではなかった。無理に買わされているのではないかと疑っていたのと、母の後ろ姿がなんとなく嬉しそうに見えていたからかもしれない。当時私はもう仕事をしていて、母には自由に使えるお金があった。贅沢《ぜいたく》をする人ではなかったが、毎週植え替えられる花を見るのが私はとても嫌だった。

一度直接不満をぶつけたことがある。「ねえ、まだ綺麗に咲いていたよ。なんでもう植え替えちゃったの？」。母がどんな顔をしていたかは覚えていないが、おじさんはその後も母との縁側での会話を楽しみ続けた。私は変わらず、悶々《もんもん》としていた。「おじさんにご飯出してたこともあったよ」と妹が言う。知らなかったな。楽しい時間だったんだなと、今更思う。母はまだ54歳だった。

数年後、私たちは引っ越し、植木屋さんとの縁もなくなった。それから数十年の時間が経ち、母の認知症が始まって、母が会っておきたい人は誰だろうと考えた時、私はなぜか、その植木屋のおじさんを思い出した。おじさんの笑顔と口に手を当て笑っている母の後ろ姿を。逢わせてあげたかったな。

わが家の庭の紫陽花。これから盛りを迎えます

6千マイル越え、幕開けの日

舞台「夜への長い旅路」の幕が開いた。イギリスとのリモート稽古が始まったのは、まだ4月の終わり。それから6週間、6千マイル離れたロンドンの演出家、音楽、美術・衣装のイギリスチームとのリモートでの稽古の日々だった。演出のフィリップは、時差の関係で朝5時には大きな2台のモニターの前にいてくれた。稽古場には3台のカメラ。その一台一台に1人ずつスタッフがついて、私たちの芝居を映してくれる。稽古半ばからは、イギリスチームの4人はストラトフォードにあるコテージを借りて、同じ場所に集まってくれた。

生まれて初めてのリモート稽古。その上、かなり大変な戯曲である。それでも私たちはめげなかった。素晴らしいものを作り上げたいという情熱が消えることは一度もなかった。

衣装合わせにしても何度も繰り返し（もちろんデザイン画やサンプル

生地は事前にイギリスから送られてきたものだ)、「襟を5ミリ細く、裾ももう5ミリ」など、実に細やかに作り上げた。衣装のマックスの画面から聞こえる指示に日本側の衣装さんがその場で直しに入る。本当にそこにマックスがいる錯覚さえ起こしそうだ（カメラで映しながらでの指示ではあるが）。

舞台稽古。イギリスチームは夜中の3時からモニターの前に座る。明かりを作り、音響を作り、装置を動かすタイミングを何度もやり直す。舞台が美しくできていけばいくほど、それを作った彼らがいないことが悲しくなる。彼らは真摯《しんし》に、この状況での最善を尽くしてくれた。そして、それに応える我ら日本のスタッフ。本当に全て驚嘆に値することをやってのけた。

いよいよ幕が開く。役者5人の3時間半の芝居。無我夢中で過ぎていく。カーテンコールを終え、楽屋前の廊下でイギリスのみんなと画面越しに乾杯をする（私たちにはグラスを持つことは許されなかったが）。

まるで千秋楽のように全てを出し切ったような顔の私たちに温かい拍手を送ってくれる。

「こんな状況で、これを作った私たちを誇りに思おう」とフィリップ。「フィリップ、ありがとう」。私はそう言って画面に向かって手を広げる。抱きあいたかった。マックスのアシスタントのルースは「I love日本」というTシャツを着て泣いていた。私たちもその姿を見て泣いた。

こんなのもう嫌だ。きちんと彼らと抱きあって、喜びあって、乾杯して大声で叫びたい。彼らにこの美しい芝居をじかに見てもらいたい。いつか、いつの日か近いうちに必ず実現させる。そう、私たちは誓いあった。

舞台稽古では客席の大きなモニターからフィリップが演出しました

生き抜こう、また会える

なぜか無性に寂しくなった。深夜1時。その日が誕生日の友人にお祝いのメールを打ち、眠ろうとベッドに入ったはいいものの、なかなか眠りにつくことができない。芝居で興奮している肉体と精神を、ニュートラルな状態にするにはどうしたものかと思っているうちに、「寂しさ」が私の身体を支配していくのを感じる。

誕生日の彼女とは、息子が小学校一年生のころからのママ友であるから、30年以上の付き合いである。このコラムにも度々登場するお寿司屋《すしや》さんの女将《おかみ》、美由紀さんだ。お互いの2人の子供たちが仲良しのこともあり、家族ぐるみでのお付き合い。旅行にも毎年のように行き、年越しもいつも一緒だった。私の誕生日や子供たちの誕生日は勿論、ご主人も、私たちはいつも一緒に祝っていたっけ。それが今年になってから一度も実現できていない。公演中は、もし一緒に過ごした誰かが感染していた

ら、濃厚接触者になってしまい、公演中止という恐ろしい状況が待っている。会うことすら怖くなってしまい、今年会ったのは確か一度だけだった。

舞台に関わっている期間中は、仕事以外の人とはなかなか会えないのが現実で、それに慣れてきている自分に気づく。もう少し、もう少しの我慢だねと言いながら一体いつまでこんな状況が続くのだろうか。が、しかし私はまだ良い方だ。寂しかろうが、切なかろうが、舞台が終われば気をつけながら会うことができるし、食事にだって行ける。ご高齢だったり、ご病気の親御《おやご》さんが病院にいたら。または、それが子供だったら。そんなことを考えただけで、胸が締め付けられそうだ。

会えないまま、声も聞けないまま、手も握れないままの別れが一体いくつあったのだろうか。ワクチンの接種が急ピッチで進められているが、果たして本当に安心なものなのだろうか。オリンピックは本当に開催されて大丈夫なのだろうか。無観客がいつの間にか一万人になりそうな状況。

全てが不安で中途半端なまま、時間だけが過ぎていく。なにを聞かれても機械のように同じ言葉を繰り返す我が国のリーダー。美由紀さんのお母さん（私たちは、ババと呼んでいるが）は高齢者施設にいるのでもちろん会えていない。美由紀さんは繰り返し力強い声で、ババに時々言うそうだ。

「お母さん、みんなが大変です。お母さんもしっかりした気持ちを持って、強くなってください。生き抜くために。そしたらまた会えるんだから」。我が友の言葉は相変わらず、いつも励みになるものだ。生き抜こう。「寂しい」なんて言っていられない。そう、明日も幕は開く。

何年か前、京都にも旅行に行きました。真ん中が美由紀さんです

人間はややこしい

1週間ぶりの休演日。明日からまた続くハードな日々のために、マッサージを終えた時はもう21時を過ぎていた。とにかく早く家に帰り、軽めの食事を取って寝なくては。明日は恐怖の2ステージの日だ。

雨が上がった夜の駐車場。数台の車が止まっているだけで人影もなく、ここが東京の中心部だとは思えないくらいだ。精算機に向かったが、何かおかしい。見るとランプが点滅していて「作動中」と告げている。よく見るとクレジットカードの挿入口にカードがささっている。抜き取ってもやはり作動しない。どうしよう。管理会社に電話をするがなかなか出てくれない。たかだか5、6分なのに、こんな時は長く感じてしまう。

やっとオペレーターの女性が出て、精算はなんとかなったものの、カードはどうしたら良いかと聞くと「交番に届けてくださったりしますか」と言う。それは、少しおかしいなと思い、「もしそちらが来てくだ

さるなら待ってます」と私。すると「いやあ、今すぐには行けないんですよ。雨がひどくて」ときた。さすがにカチンときて「雨はもうやんでます」と答える。「でも昼間はかなり強く降っていたので人手がなくて」と、よく分からない説明だ。

交番に届けることになるだろうと予想はしていたが、ああた、その言い方はないでしょう。すると「精算機の上に置いて行くか、交番に行くかはご自身で決めてください」。「それはあまりにも無責任ではありませんか?」と私。「あー、じゃあ、こうしましょう。お客様、車止めってお分かりになりますか?　空いている車止めに置いておけば誰も分からないと思うので、それでお願いします」。

あくまでも来るつもりはないらしい。「上の者にもう一度聞いてみますのでお待ちください。5分後にまたお電話します」と言ったが、番号を教えるのも嫌だったので、そのまま警察署に向かった。

誰もいないがらんとした警察署には、3人の警察官の方が座っていらした。事情を説明し、カードを渡して手続きをする。「お礼を要求する」「名前を名乗る」の簡単な書類にサインをする。ちなみに両方無しの方にマルをした。

「ご苦労さまです。大竹さんですね」と、なんだかとっても優しい口調で言われ、やっと良いことをした気持ちになってきた。ついでに、あの女性への連絡も頼んでしまった。数歩歩いてまた振り返り、どうぞよろしくお願いしますと頭を下げた。

いやいやいや、ちょっと待て。私は別に良いことをしたわけではなく、当たり前のことをしたまでだった。怒った自分がおかしくなってきた。そして優しい一言で、不意に救われる自分にも。人間はややこしい。

中学で、「小さな親切運動」の会長をやっていたのに……。

寂しいね、悲しいね

役を引きずるという言葉がある。役者が演じている間、家に帰ってからもそのキャラクターが染み付き、佇《たたず》まいであったり、精神状態が同じようになったりすることだ。

私も若い頃はそれがよくあった。お腹《なか》が大きい役を演じている時に、夜中にペッタンコなお腹に驚いて「赤ちゃんがいない」と焦ったり、足の不自由な娘を演じている時は、立ち上がろうとした時に、「あれ、歩くってどうすればいいんだっけ?」。足に血が通っていない不思議な感覚に襲われたことを今も思い出すことができる。

つかこうへいさんのドラマのリハーサルをしている時のこと。つかさんの台本の作り方は独特で、役者に口伝えで、芝居を作ってゆくという手法。つかさんが「そうだったんですね、あれはあなただったんですね」と叫ぶ。同じように私も叫ぶ。「大竹、そこで踊れ、泣けー」と、

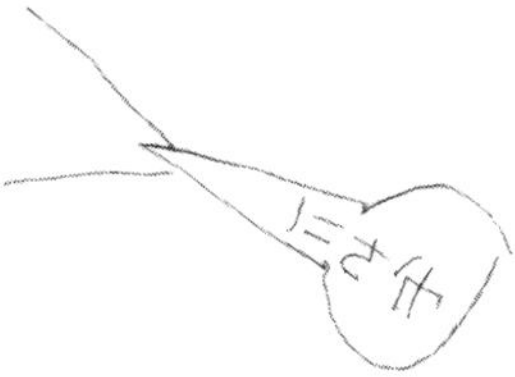

まあこんな調子で激しい稽古をしているので、眠っていてもその役はなかなか抜けない。

夜中にふと目が醒《さ》めると、初めの夫（まだ25歳の頃の話です）が、怪《け》訝《げん》そうに私を見ている。「ねえ、しのぶ、やっちゃんて誰？　やっちゃん。好きよーって叫んでたよ」。つまり、今日やった場面のセリフを夢の中でも叫んでいたということだ。勿論《もちろん》、ちゃんと訳を話し夜中に2人で大笑いをした。

そして今、演じているのが、ユージン・オニールの「夜への長い旅路」のメアリー。無事に東京公演が終わり、9日から京都公演が始まる。4月の末からこのメアリーと向き合い、どんどん自分が孤独になっていることに気付く。そう、劇中のメアリーと同じように。出演者やスタッフさんとも仲良く話し、こんな状況であるにもかかわらず、毎日たくさんのお客様が来て下さり、大好きなフィリップの演出も受けられて、役者としてこんな幸せなことはないはずなのに。家に帰り、食事をし、片付けをし、明日のために眠らないと、という義務感でベッドに入る。が、眠れずに、心が温かくなる動画を求め、タブレットに手が伸びる。耳の不自由な赤ちゃんが補聴器で初めてパパとママの声を聞く瞬間。色が分からない方が、特別なメガネをかけて、世界に色があることを知った瞬間。それらを見ながら、何度も涙をこぼす。芝居の人物が感じる孤独感をずっと引きずり、私を一日中、支配する。今日、今もＺｏｏｍで芝居を観《み》てくれる演出のフィリップにそのことを話すと、「ユージン・オニールだよ、しのぶ。彼の世界にいるのだもの」の言葉に救われた。今は孤独を楽しもう。

けれど私は芝居の世界だからいいのだ。芝居が終われば解放される。でも、でも、孤独は寂しいね。悲しいね。コロナでたくさんの人がその孤独と闘っているのだろう。せめて劇場に来てくれた人は、その孤独感を共有し、解放されてくれればいいな。

絶望の淵に沈むメアリーを演じています＝細野晋司氏撮影

とにかく、やってみよう！

4月の末から稽古が始まった舞台「夜への長い旅路」も東京公演が終わり、残すは京都での公演のみとなった。その京都で思いもかけないことが起こる。スタッフは3日前から劇場入りし、舞台を作る。役者は1日前に入り、劇場の大きさ、声の響き、動線などを確かめる。始まる前に舞台監督が「実は、（舞台裏で作業する）綱元の音がしてしまうんです」と、青ざめた顔で言ってきた。一体、どの程度の音なのか。

この芝居のもう一つの主役は、舞台上に吊《つ》るされた美しい白い布（スカルプチャー）である。演出のフィリップと美術のマックスの指示によって、その布が細やかに美しく蠢《うごめ》くのである。物語のテーマになっている霧に見えることもあれば、海にも見えたり、あるいは人間の鼓動にも見えるそれは、袖にある綱元と呼ばれる場所でスタッフ4人が台本を睨《にら》みながら綱を使い繊細に布を動かす。実際に舞台に立って聴いてみる。

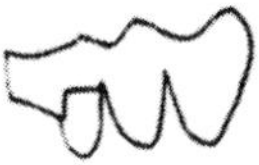

ギィー、ギィー、動かす度になんとも言えない耳障りな音を立てる。客席の前の方にも聞こえてしまう。というより、まず音が気になって、芝居にならない。

こんなこと誰が想像できただろう。定期メンテナンスで綱を新しくしたことが原因だが、今までは転換場面であったり、音楽が鳴っていたりしたので問題にはならなかったと劇場の人が説明する。さあ、どうするか。この芝居は、このスカルプチャーが命なのだ。

急いでロンドンのフィリップと連絡を取る。彼の答えは、音を出さない方法をなんとしても考えるか、ダメな場合は公演中止。オー、なんて素敵なんだ！　当たり前だ、6週間かけて、音楽も、動かし方もみんなで作り上げてきたのだ。中途半端な形でなんて観《み》せられる訳がない。では多少の音を我慢して芝居をするか、それはできないと私は静かに、だが強く主張した。

方法は一つ。綱を古いものに替えるしかない。古い綱は幸いにも劇場に残っていた。が、それは非現実的だと誰かが言う。専門の人をつかまえ、搬入した道具を出さないとできないから何日もかかると。

その時点で公演前日の19時を過ぎていたが、私は「非現実を現実にすればいいいんじゃない？　やってみようよ！」。館長さんが必死に動き、人を集め、夜中まで作業をしてくださった。夜中の3時に、プロデューサーから電話。「今、終わりました。幕を開けられます」。フィリップは綱が新しいのが原因なら24時間綱を動かし続ければ、とまで言ったそうだ。静かに動く綱、美しい布、そしてみんなの力で幕が開いた。

美しい布が世界を作り出してくれます＝細野晋司氏撮影

「ファイトー！　ゴー！」の青春

仕事の帰り、車中でオリンピックの話になり「昨日、バレーボール負けちゃいましたねぇ」と、誰かが言う。「高校時代、バレー部だったんだよ」と私が言うと、なぜかみんなが驚きの声をあげた。し、失礼な。そんなに意外だと言うのか。

「ポジションはどこだったんですか？」「ん？　ポジション？　そんなことが決まる前に辞めちゃったからなあ。夏休み前までかなあ。毎日、ボール拭いて、コート整備して、『ファイトー！　ゴー！』って掛け声をかけていただけだから」。車のみんなはなぜか妙に納得していた。

バレーボールのドラマが流行《はや》っていたこともあって、高校生になったら絶対にバレー部に入るんだと思い、勇んで入部したのはいいものの、想像していた以上に大変な毎日だった。コートに入ることも、パスの練習をすることもほとんどなく、先輩の練習する姿をひたすら見つめ、必

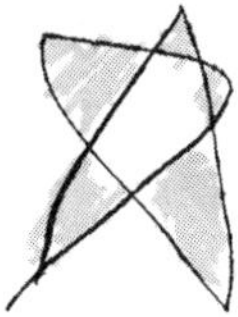

死になってボールを拾う。渡す。拾う。そして「ファイトー！　ゴー！」の掛け声をかけるのも1年生の大きな役割だった。

それでも少しでも教えてもらえたり、練習させてもらえる時は緊張しながらも必死にボールを追いかけ、ひざをすりむき、あざができたりすることもなんだか嬉《うれ》しかった。

キャプテンのあんず先輩、かおり先輩、けい先輩。50年近く前のことなのに同じ1年生はもちろん、先輩の声までも思い出すことができるから人間の記憶というものは不思議なものだ。何があっても嫌な顔をせずチームをまとめていたあんず先輩。ポジションはセッター。大人だと思っていた彼女はまだ17歳だったわけだ。

髪が長くてエキゾチックなかおり先輩。目が合うとニコッと笑ってくれてその度に私たちは喜んでいた。パーマをかけた髪がすこし茶色のけい先輩。すこし出ている前歯がチャーミングで、毎日押してればけい先輩のようになれるんじゃないかと、前歯の裏側を指で押していたっけ。

毎日くたくたになって、必死に過ごしていた15歳。ほんの数カ月だけスポーツにのめり込み、根性とファイトの文字で頭がいっぱいだった日々。先輩後輩という立場を知り、憧れを覚え、いつか上手になるんだという夢を持ち、土埃《つちぼこり》で真っ黒になった自分たちの顔もなんだか誇らしかった。寝ぼけたまま着替えた私が、朝練の部室で制服の下にパジャマを着ていて、みんなで大笑いしながら、ボールの籠を出したっけ。

なんだか何もかもが青春だった。たった4カ月間のクラブ活動。そして、その秋私は女優になった。掛け声は「ヨーイ、スタート」に変わり、私はそこで生きてゆくことになった。

高校1年の秋、ドラマのオーディションに受かり、女優の道へ

着ては洗い、着ては洗い

はたと気が付くとまた昨日と同じTシャツを着ている。映画の完成記念にいただいたもので、同じ物が2枚あり、着ては洗い、着ては洗いを繰り返していた。下は勿論《もちろん》ジーンズである。仕事が一段落ついて、本来なら旅行に行ったり、友達と会ったりも出来ただろうが、それは今不可能だ。朝から食事を作り、洗濯をし、ダラダラしているともう夕方だ。

誰にも会うこともないので外出用の洋服を着るのは滅多にない。だからと言って、同じTシャツばかり着続けるのもどうしたものか。この夏一度も袖を通さなかった夏服たち。スーパーにもそのまま行くので、さすがに今日は着替えたものの、これでは人間ダメになる。

よくよく考えると、今のこの状況だからこうなったわけではなかった。中学生の時は大好きな真っ赤なセーターを毎日のように着ていたし、高校生の時は自分で編んだピンクのモヘアのセーターを、さすがにもう捨

てればと家族に言われていたことを思い出す。新しいものを自由に買えるお小遣いがあったわけでもないが、もともとそれほど物欲がないのは確かだ。まだ着られるからもったいないという思想である。

　子供たちもそれは同じで、娘は小さい時、やはり同じTシャツを毎日着ていた。首は伸び、生地はボロボロだった。散歩に行くと工事のおじさんに「お母さんに新しいの買ってもらいなね」と言われたくらいだ。息子の方は無頓着この上なく、服はシンプルで着られればいいという考え方で、昨日洗濯した下着は擦り切れ、穴があきそうだった。

　飾らないと言えば聞こえはいいが、果たしてこれでいいのだろうか。

　これは私が妊娠中の出来事。おなかが大きくお洒落《しゃれ》しようにもしようがなく、姉のお下がりのいわゆるマタニティーを着てみた。ちょっとおばさんぽいが、まあいいだろうと。その夜、帰ってきた夫が、何か言いたげな顔をしている。食事が終わり、彼が言った一言。

「あのね、しのぶ、お洒落するのは大変かもしれないけれど、ちゃんと着るものには気を使った方が僕はいいと思うな。あなたは、そういう仕事をしているわけだし」。26歳の私は彼の言葉に感動し、毎日毎日、それなりにお洒落をして、充実した日々を送っていたっけ。

今はパジャマのまま朝食を作っても誰にも何も言われない自由がある。35年以上前の言葉に再び教えられ、明日は少しちゃんとしようと思いながら洗濯物を畳むその中に10年前に私がいただいたスタッフTシャツがあった。まだそれを着ている息子。うーん、でも、これはこれで、まあいいか。

臨月の時、のんびりと穏やかにその日を待っていました

光をめざして、走った

思いもよらない出演依頼であった。

中止を求める声もあちこちで上がり、感染者数減少の傾向も見られない東京で、開幕すること自体が危ぶまれていた東京オリンピック。その閉会式での最後のパフォーマンスの依頼があったのだ。選手の方たちの気持ちを考えると大変な時間だろうとは思うものの、私自身、この状況の中で開催して本当にいいのだろうかと思っていた方だったので、正直悩んだ。そして次から次に想像もしないような問題が続く中で、とにかくにもそのゴールに向かって走っているスタッフの方たちのことを考えると、即断しなければいけない。

やりたいか、やりたくないか。私がやる意味は何だろう？

二日間だけ必死になって考えてみた。企画書を何度も読み返す。閉会式最後の聖火が消える場面での、歌と祈りであった。世界中が同じように苦しみ悲しみ、見えないゴールに向かい闘っている今、希望や未来が、信じられるように祈ること、子どもたちと一緒に歌うことで、平和に繋《つな》がってゆく世界を表す。そして復興五輪でもあるので、歌は宮沢賢治の「星めぐりの歌」であるということ。果たして出演しない理由はあるか？共に祈ろう。世界中の人が集まるオリンピックで、悲しみ苦しみが終わるように祈ろう。人にどう思われるのかは関係なく、私がどうしたいのか、それだけだ。

　数日後に制作者の方たちとお会いして、この場に来た決断は間違っていなかったと確認した。彼らの顔は、明らかに疲労の影があったが、誠実さが見え、切実さの中にも誇りがあった。「私たちも本当にやれるのか、やっていいのだろうかと迷いがありました。今もあります。でも前に進むしかありません。賑《にぎ》やかなお祭りではなく、せめて未来が見えるようにしたい」

　話し合いを何度も重ね、初めてのリハーサル。私は真っ青な空を見な希望を、未来を、光を目指して。子どもたちと走る。走っていく、光の中へ。私自身が大きな声で叫び、手を広げ、走っていく、光の中へ。聖火台が閉じていくときと同じように、手をまわしながら重ね合わせ、祈る。リハーサルをしていた沢山《たくさん》の方たちが、何も言っていないのに、同じ動作をしてくださった。つまり、みんなが同時に祈ったのだ。一瞬、静寂と神聖な空気が広いスタジアムに流れたのを感じた。この瞬間が伝わればそれでいい。そして本番、私は確かに光の中にいた。その後イギリスの演出家2人がメールをくれた。あなたの顔は愛と喜びにあふれていたと。その世界を信じたい。

子どもたちの未来が光に包まれますように＝朝日新聞社提供

我らの萬長さん

辻萬長さんが逝ってしまった。私たちは「ばんちょうさん」と呼んでいた。辻さんなんて言う人は聞いたことがないし、「かずなが」と読むことすら知らなかった人が多いと思う。老いも若きもみんな「我らのばんちょう」だった。訃報《ふほう》が報道された日、一緒に共演した役者仲間から何通ものメールやLINEそして電話があった。

「ねえ萬長さんがー」「しのぶちゃん、萬長さんがー」。みんな、後に続く言葉を失っていた。病気のことは報道で知ってはいたが、必ず帰ってくるものだと思っていた。三谷幸喜さんも先週のコラムでお書きになっていたが、「俺は不死鳥なんだよ、死んでたまるかあ」と。私たちもそう信じていた。

私と萬長さんとの出会いはなんとデビュー作の「青春の門」であった。その後すぐ、二十歳《はたち》の時、中村勘三郎（当時は勘九郎）さんとの舞台

「若きハイデルベルヒ」で、勘九郎さん扮する皇太子の学友役をやられた。「奇跡の人」や野田さんや蜷川さんの舞台でも共演し、ここ10年ほどは「ピアフ」で4度も共演した。20歳からつい最近まで私は萬長さんと共に演劇界を生きてきたのだ。萬長さんは誰よりも早く楽屋に入る。ルーティンがあり、何時に何を何個食べ、ロビーに行き、何分ストレッチをして、何回腹筋背筋をし、発声の時間にみんなと合流する。誰が遅れてこようが容赦なかった。時計の秒針を見ながら「5、4、3、2、1」とカウントダウンをしていたっけ。それが終わると、トイレに行き、メイクをし、何分前になったら衣装を着て、何分前になったら必ず舞台袖にスタンバイをする。

　食べる物も決まっていて、そのメニューはおいなりさん二つが多かった気がする。稽古場にはポットを持参して「マイティー！」と、幸せそうに飲んでいた。私たちはそんな萬長さんが大好きだった。威厳のある立派な声で、立派なお顔で、芝居に対する真摯《しんし》な姿勢も素晴らしかった。

どこか愛嬌《あいきょう》があり、でっかくて温かい人だったから、初めて一緒になった若い役者も怖がるどころかみんな大好きになった。

食事会では豪快に食べ、大きな声でお喋《しゃべ》りをし、お酒も飲んだ。4度目のピアフの時、「しのぶちゃん、たとえ歩けなくなってもこの芝居は出るからね。車椅子でも俺は出てやる」と言って、みんなを笑わせていたが萬長さんは本気だった。

最後に私の芝居を観《み》に来てくださった時のメールに「面白い芝居を観ると元気が出るよ。ありがとう。よし、俺も行ってきます」と書かれていた。そうだ、萬長さんはまたどこかで芝居をしているのだ。そう思うことにしよう。でもやっぱり、時々逢いたいです。

テレビ局で偶然逢ってうれしくて撮りました

まさかの前説

さだまさしさんの、「ほぼ4500回くらいの記念コンサート」に行ってきた。なぜ、ほぼかと言うと、コロナの影響で予定通りにいかず、スケジュール的にホールを押さえていた日にちと回数が合わなかったためである。デビューして49年のさださん。年に百本近くのステージを50年近く続けてきた。

開演の15分前に着くと、何だか声が聞こえてくる。「あれ、あれ、あれ、間違えたかな?」。慌ててチケットを見る。間違いない、6時開演となっている。なぜ? 何が起こっているの?

子供のように、全速力でロビーをダッシュする。ステージでは、やはりさださんが一人でお話しされていた。

バンドもいないステージ上で、上手に行ったり、下手に行ったり、時折水を飲みながら熱弁をふるう。よく聞くと、彼は「前説」のさださんであるという。なんてチャーミングなことをするんだ。昨年4月の緊急事態宣言以降、私たちはいかにして舞台やコンサートが続けられるか模索していた。そんな中、真っ先にコンサートを始めたのはさださんだった。「僕はやります、一生懸命対策を立て、僕は歌います」と配信のコンサートで宣言をした。それ以降ずっとやり続けているのもさださんだ。前説のさださんが、どれだけの注意を払って今日のコンサートを開催しているか、ここまでの一年半の話をしてくれる。あー、何だか泣けてくる。

再び、歌手さだまさしとして登場。まずは、「北の国から」のメロディーが会場を優しく包み込む。会場には、グレープ時代からのファンの方もたくさんおられた。彼の歌で慰められ励まされ癒やされながら一緒に生きてきたのだろう。半世紀にわたって歌い続け、今なお輝き、若者にも支持され影響を与えているさだまさしのファンでいることに誇りを持っているのだろう。

歌と歌の間に入る絶妙なトークは、みんなが待ち望んでいるものだ。笑わせてくれて、考えさせてくれて、癒やされて、感動させられる。あっという間の2時間半が過ぎていく。あー、ここに来られて本当に良かったと思わせてくれる。これ以上のエンターテインメントはあるだろうか。さださんが言っていたように、「えー、さだまさしのコンサート生で観《み》たの⁉」って、いつか言われるようになるに決まってる。私もしっかりやらなくちゃと、涙でぐちゃぐちゃになった頰を思いきりぬぐい、席を立った。

おしゃべりも歌も人柄も素敵すぎます

人と人とのふれあいは？

毎週、NHKラジオ第1にて私がパーソナリティーを務める「大竹しのぶのスピーカーズコーナー」という番組がある。ロンドンの公園の片隅にあるスピーカーズコーナーにちなんで自分の主張や嘆き、怒り、喜びなどを自由に話すという番組なのだが、これは大変に面白い。と言えるくらい自分が楽しんでいる。ラジオならではのリスナーの方とのあったかい関係を感じることができるからかもしれない。同世代の方は勿論《もちろん》、人生の先輩の方から10代の方まで幅広い年齢の人が、それぞれの場所で、それぞれの想《おも》いで聴いて下さっている。

そんな番組で先週いただいたメッセージに何とも切ないものがあった。私と同じ歳《とし》の男性からのメール。毎朝、通勤時に可愛らしい小学生の女の子が一生懸命、ダッシュの練習をしているのに出逢《であ》い、微笑《ほほえ》ましく思っていたという。ある日、「毎朝、頑張ってるね」と何げなく声をかけ

た。すると次の日から、女の子の姿はパタッと見えなくなってしまった。次の日もまた次の日も。何日かしたある日のこと。地域情報誌に、女の子が見知らぬおじさんから声をかけられたという不審者の行動が載っていた。

あー、これだ。こんなことがあったから自分も疑われてしまったのかもしれない、ましてや、マスクをしているので表情というものがわからない、きっと怖い思いをさせてしまったのだろう、と。そして数日後、今までとは少し離れた場所で、女の子はまたダッシュの練習を始めたそうだ。彼は遠くから、心の中で声をかけた。頑張れーと。本当に切ない話である。私はマイクの前で思わずため息をついた。

勿論、今の世の中で、知らない人をたやすく信じたりしてはいけないということは百も承知ではあるが、見知らぬ人に優しくされる喜びや、見知らぬ人と知り合うことができる、人とのつながりはなくなってしまうのだろうか。そんな時、遠く宮崎に住む甥《おい》っ子の家族から写真が届く。

ある日、4歳と1歳の姉妹は、お母さんとカニを釣りに行き、隣で釣りをしていた見知らぬおじいさんに梨をいただきました。おじいさんは釣った伊勢海老《いせえび》も下さいました。そして数日後、姉妹はおじいさんの家に招待されました。明日から一年間漁に出るからお別れにご馳走《ちそう》したいと。大きな大きなお魚を見て大喜びしているみんなの笑顔の写真でした。素敵だな、そんな世界はまだ沢山あることを信じたい。

愛されている二人の笑顔です

芝居から世界が見えてくる

確かに彼女は、ウィンクをしてくれた。2年前のロンドン、アルメイダ劇場。久しぶりに訪れたロンドンで、友人に「これは絶対に面白いから観《み》ておいた方がいい」と薦められ、何の予習もせずに観た芝居「ザ・ドクター」。主演の女優さんのリアリティーと存在感に圧倒され、言葉は分からないのに夢中になって見入ってしまった3時間だった。それも最前列で。

カーテンコールで力いっぱい拍手する日本人の小さなおばさんに、その人は優しく、とてつもなくチャーミングにウィンクしてくれたのだ。またあなたのお芝居必ず観にきますと心の中で誓った私。と当時のコラムでも書いていましたが、2年後にその芝居を私自身が演じるなんて誰が想像できたでしょうか。人生は面白いものです。

そして、いよいよ稽古が始まりました。全く言葉が分からないのに夢

中になっただけあって、病院内での（そう、言わずもがな、私はドクターです）人間関係、宗教問題、ジェンダー、人種差別、マスコミ、SNSによる言葉の暴力など、まさにありとあらゆる現代の問題が次から次に凄《すさ》まじいスピードで展開されていきます。ふー、息もつかせぬ面白さです。

演出の栗山民也さんが音楽、照明、役者の動きを使って瞬時に場面を変えてゆきます。これこそ演劇の面白さです。まだ始まったばかりなのに、稽古場ではみんなが苦しみながらもなぜか喜びに包まれているのです。そう、より良いものに向かっていっているのがわかるからです。

いつものことですが、稽古場にいると何もかも忘れてしまいます。

芝居の世界のことだけを考えている時間はまさに至福の時。良い戯曲であればあるほど、そこから世界が見え、歴史が、人間が見えてきます。今まで考えたこともなかった宗教や人種差別の問題を一気に、身近に感じることができるのです。命について、愛について、生きることについても、芝居を通して感じ、考えることができるのです。そう、演劇とはそういうものなのです。

最近一緒だった初舞台の若い役者さんがこんなことを言ってくれました。「ねえ、しのぶさん、役者って芸術家になれるんですね。繊細にコツコツと一心不乱に高みをめざしていくんですね。希望を見るってことなんですね」。コツコツと、明日も希望に向かって稽古に励みます。

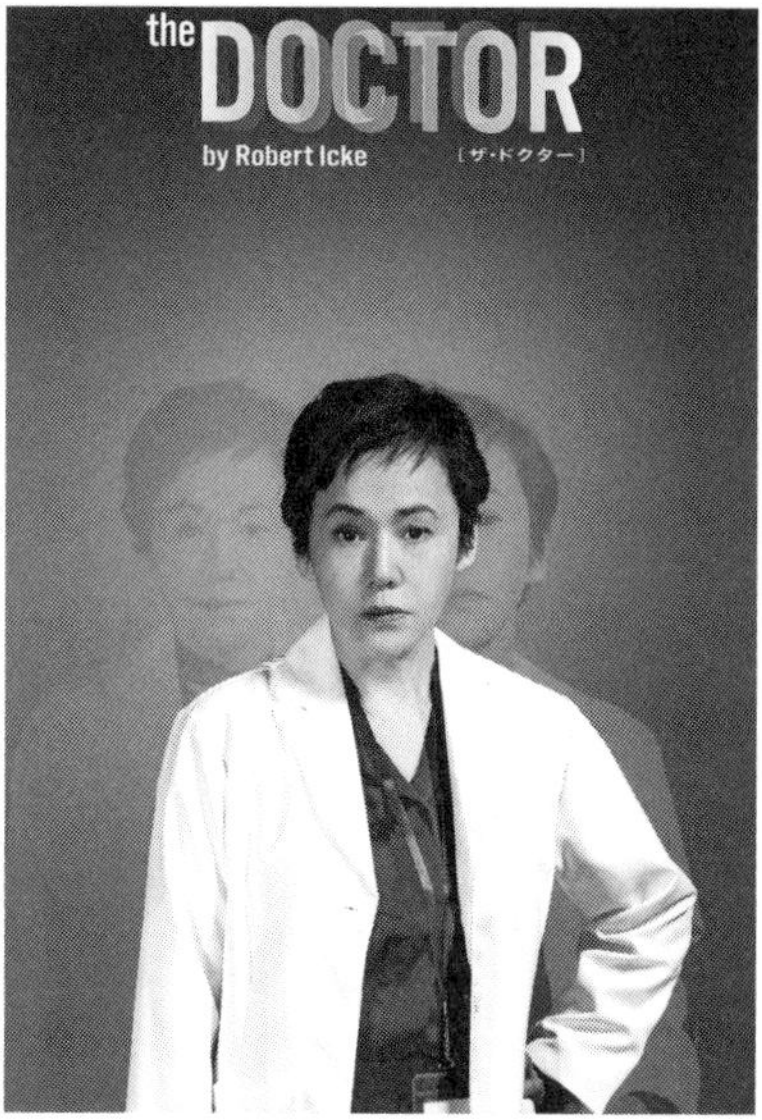

スリリングで楽しい稽古の毎日です＝株式会社パルコ提供

ローマ教皇、お茶どうぞ

今日も一日が、慌ただしく終わろうとしている。深夜の1時。誰もいないリビングで（まあ、いるわけないいか）この原稿を書いている私。

朝、慌ただしく食事をすませ、おにぎりを握る。まずは取材のお仕事へ。12時前に稽古場に着くともう何人かの役者は自主トレをしている。あー、やっぱり稽古場は落ち着くなぁ。6時間ほど稽古に集中し、数回入る10分休憩でおにぎりを食べる。お茶？　そんなものを入れている時間はない。次のシーンのセリフや前回のダメ出し（ノートとも言います）のチェックをする。

この台詞《せりふ》で立つ、ここで向きを変える、ここは右手を壁につく、などなど。細かいノートに、私たち役者は毎日頭がパッパッパッだ。だが、それがだんだん自分のものになっていくからやはり稽古は楽しいものだ。

7時、事務所での打ち合わせをすませ、次は夜9時5分からのラジオの生放送。自分の番組である「スピーカーズコーナー」（NHK第1）へ。生ということもありテンションは高めだ。歌い、叫び、笑い、リスナーの方のメールを読み、あっという間に50分が終わる。家に着いたのは11時を少し過ぎていた。

そんな毎日を送る私に、びっくりすることが起こります。なんとローマ教皇が家に滞在なさりたいとの知らせが！　えー！

どうしよう、お掃除も最近はちゃっちゃっとしかしてないし、おしゃれなお菓子も用意してない。しかも明日も私は稽古がある。慌てて帰ってお掃除をしていると、もうお着きになったと言う。今回は、極秘の来日で従者の方お一人とでの滞在だ。優しいお顔と、柔らかなお声。拙《つたな》い私の言葉を理解して下さっている。お茶をお出しするが、どうもいまひとつのようだった。あっ、お布団の用意をしなくちゃ。待てよ、お布団でいいのかな、あー、もう訳がわからなくなってきた。と思ったところで目が覚めた。

一体いつになったら落ち着いてゆったりした生活ができるようになるのか。そういえば、役者は舞台の本番前、劇場が火事になる夢をみるという話は有名だが、私の場合は、本番5分前にお姑《しゅうとめ》さんが楽屋に来て慌ててお茶を出し、焦って舞台に出たら、それは何と歌舞伎だった、というとんでもない夢をみた。しかも図々《ずうずう》しい私は、えーい、ままよと思い、やってのけた。

明日こそ、落ちついた、一日を送ります。

ローマ教皇様、いつかお逢いしたいなぁ

幸せってこんなだった

元夫であるさんまさんと私は共に7月生まれで、ここ数年合同でお祝いすることが続いていた。

去年はコロナ禍ではあったものの、緊急事態宣言は出ていなかったので集まることができた。が、今年は運悪く宣言中であり、その上舞台の公演中。

そして公演中というのは、宣言が出ているか否かに関わらず、本当に悲しいくらいに、どこにも行けず、誰にも会えず、何もできない。稽古から約4カ月、その状態が続いていた。もし万が一、誰かと食事に行き、そこで感染したら公演中止という考えただけで恐ろしい事態になってしまう。役者もスタッフもひたすら劇場と自宅を往復するだけだ。

そんな日々を過ごし、気づいたらもう10月の半ばになっていた。スケジュールをみんなで合わせ、元家族だった私たちは、友人のお寿司屋《すしや》さんへ。その店も3カ月ぶりの営業だ。

何もかもが久しぶりだ。お店も、みんなが揃《そろ》うのも、乾杯も、ハッピーバースデーを歌うのも。当たり前のことが、どんなに幸せなことだったのか一つ一つに思う。

カウンターに並んだ私たち4人に、大将が張り切ってお寿司を握ってくれる。それを美味《おい》しそうに食べながらも、相変わらずの勢いで喋《しゃべ》りつづける元夫。ふと、私たち2人を見て、「おい、ずーっとマスクつけてたら、食べられへんやろ」。すると娘がすかさずこう答えた。「だってこんなに近くで、しかもこんな大きな声で喋る人がいるから。気をつけないと。飛沫《ひまつ》、飛沫」

笑いながらも私たちの生活が大きく変わってしまったことに気付かされた。当たり前のことが、当たり前でなくなったこの時間。そんな中でだからこそ、いつにもまして幸せな時間になった。

去年の誕生日、息子から彼へのプレゼントはコーヒーメーカーだった。

「2日前に壊れたんや」。これにはみんな大喝采。今年のもまた素晴らしかった。きれいなブルーの小さなトランク。え、トランク？　何とそれは開いてみたら、持ち運びができるレコードプレーヤーだった。ボブ・ディランやビーチボーイズのレコードを添えて。またまたみんなから歓声が上がった。少しレトロな音が店に響き、私たちはより温かく幸せな気持ちになった。

優しい音楽が、世界を祝福してくれているようだった。

特別な日の特別な笑顔です

目を合わせ繋がる心

まだ夏を思わせるような日々が続いていた9月の終わりに私たちは出会った。先月30日に初日を迎えたチーム『ザ・ドクター』。11人の共演者のうち半分以上の方とは全くの初対面だった。勿論《もちろん》、スタッフの方とも。マスクをしているので初めて見るお顔も、目、目、目だけなのである。大勢の人が集まり、始まりの合図が鳴ったと思わせてくれるあの顔合わせも、もう2年近くやっていない。口元も分からず、声もどのくらい前に出ているのか。そんな状況の中でも、皆必死に稽古をｗｉｔｈマスクで40日間続けた。

14歳の女の子が自分で（人工）中絶を試みる。が、失敗し、私たちの病院に運ばれてくるところから物語は始まる。遠くに出かけていたカトリックの両親が死ぬ前にせめて最後の典礼をと神父を送り込むが、医師である私はそれを拒む。なぜなら神父の入室によって患者に死を意識させてはいけないと考えたからだ。そして……物語はとんでもない方向に進んでいく。イギリスの芝居だけあって言葉が多い。曖昧《あいまい》なんてことは一切ない。自分の意見を皆がわあわあと言い続けるので、激しく、熱いディスカッションが続く。その緊張感がたまらない。同じテンションで、明確なゴールを皆で目指さなければ成立しないのだ。

舞台稽古直前、初めて私たちはマスクを外し、お互いの顔を見て、芝居はより熱く深くなった。

この戯曲には宗教、人種差別、ジェンダー、ＳＮＳによる言葉の暴力など、ありとあらゆる現代社会における問題やアルツハイマーとの闘い、それらが次々に浮き彫りにされていく。え？　この先どうなるの？　と、観《み》ている方はドキドキするに決まってる。なぜなら演じている私自身が、何故こんなことが！　と舞台上でずっと思っているのだから。

日本人には身近に感じることのない問題もあり、どのくらい分かってもらえるかが正直不安でもあったが、初日のお客様の一言も聞き漏らさないぞという集中力とカーテンコールでの熱い大きな拍手が答えを出してくれていた。

世界では今何が起こっているのか、起こり続けているのか、それを教えてくれるのもまた劇場であることを改めて思った。相変わらず全部の顔が見られるのは舞台上だけだけれど、もうすっかり心が繋《つな》がっているキャスト、スタッフと共に、年の終わりまで突っ走っていきます。今日も芝居ができる喜びと共に。

皆で突っ走ります＝株式会社パルコ提供（宮川舞子氏撮影）

本になりましたぁ

思えばこのコラムを書き始めたのは演出家である蜷川幸雄さんのおかげである。当初、新聞社側は蜷川さんに依頼していたのだが、体調を崩されたため、急遽《きゅうきょ》ピンチヒッターを立てることになる。「僕の代わりは、ぜひ大竹さんに。しのぶちゃんなら絶対に大丈夫」。何を根拠にそう仰《おつしや》ったのかは分からないが、とにかく連載のコラムなどとは全く縁のなかった私が、日々のあれこれを綴《つづ》り、もう8年が過ぎた。

そしてこれをまとめた本が2冊出され、この度、有《あ》り難《がた》いことに3冊目が、幻冬舎さんから出版された。3年半の日々の記録。そこには母との別れがあった。もう一度細かく推敲《すいこう》するために読み返しながら、自分のあの日や、あの時を思い出し、涙で進めないページもあった。よかった、書いていて。書かせていただいて本当によかった。記憶というものは曖昧《あいまい》になり、自分に都合よくなる勝手なものである。書き残していれ

ばあの時の本当の悲しみや、小さな喜びが蘇《よみがえ》って、過去の自分にエールをもらっているような気になってくる。

ある日のこと。体力も気力も衰え、それに対して、自分を責めるようになっていた母。ヘルパーさんにデイケアに行くことを促されるが、どうも行く気がしないと言う。何とか頑張ってと促すヘルパーさんに申し訳なさそうに、「ごめんなさい、今日はどうも行きたくないんです」「でもしのぶだったら頑張るでしょうね。あの子は頑張り屋だから」。そのことをヘルパーさんから聞いた私は、必死になって涙を隠した。そんなぁ、頑張らなくたっていいんだよ、行きたくなかったら行かなくたっていいんだよ。私が頑張り屋なのは、誰のおかげですか。あなたの血を引き、あなたに育てられたあなたの娘だからですよ。

少しずつ介護が必要となり行き始めたデイケアであったが、母は母なりに葛藤していたのである。元気な時に、もっともっといろいろなことをしてあげたかった。いや、いっぱいしてあげたよと、妹といまだにそんなことを言い合っては二人で涙を流す。と、こんな風にこの本に書かれている私の小さな日常の一コマ一コマ。楽しんで頂いたり、笑ったり、涙して頂けたら、こんな嬉《うれ》しいことはありません。

私はこれからも母がそうであったように一日一日丁寧に一生懸命生きてゆきます。いつか母に「はいはい、よく頑張りましたね」って言ってもらえるために。そんなこんなを、これからも書き続けていきます。

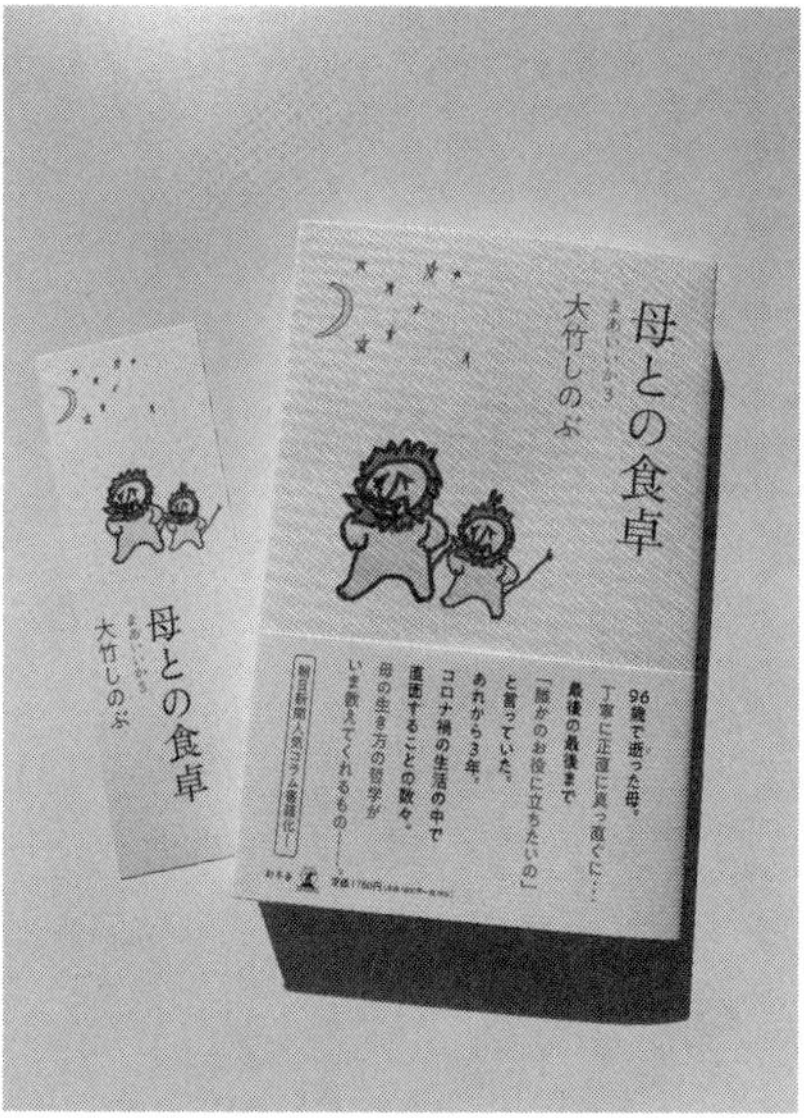

劇場で購入する時につく限定のしおりも作りました

みんな夢子ちゃんだった

「ねえ、ちょっと聞いてよ〜」と、久しぶりに友人からの電話。彼女は私とほぼ同年代で、2人の子育てを終えた後、資格を取り、学生の時からの夢だった高齢者のお世話をする仕事をしている。温厚で、ちょっとふっくらして童顔のせいか年よりも10歳は若く見える（それでも50歳かあ）。いつもニコニコして、相手の心に寄り添ってくれるので、みんな彼女に心を許し頼ってくれるそうだ。

Aさんもそんな一人だった。70歳を過ぎた男性で気難しく、少し認知症もあるが、彼女が来ると口数も多くなり、自分の若い時の話や困っていることを話したりする。それだけでは足りず、職場にも電話してきて、たわいもない話をするので、いささか困ってはいた。でも、それだけ心を許してくれているのだからと自分のやってきたことに喜びも感じていた。

ところが、ある日のこと。新人の20代の女子を、研修も兼ねてそのAさんのところへ連れて行った。愛想も愛嬌《あいきょう》もない20代の女子。すると、Aさんは、今まで見たこともないはしゃぎようで、いつもとは違う様子で色々と話し始めたそうな。そんなことが3回ほど続いたある日、そのAさんが、まあ仮にその20代の子を夢子ちゃんとしよう。「ねえ、今度から僕の担当Oさん（私の友人）じゃなくて、夢子ちゃんになったらなぁ。Oさんも優しいからいいけど。でも夢子ちゃんが来てくれたらなぁ」とのたもうたようだ。

「ひどーい」「ねえ、酷《ひど》いでしょう」。2人で思い切り笑った後、同時にため息をついた。まあ確かに60過ぎたオバさんより、愛想なくても若い子の方がいいか。私たちだっておじいさんと若者とどっちとお茶を飲みたいかと聞かれたら……ねぇ。と、妙に納得してしまう自分が悲しい。

そんな電話を切った後に、今度はまた別の知り合いからの電話。ご夫婦で私の芝居を観《み》に来て下さった方だ。ご主人は私の芝居を観るのが初めてで、興奮しながら感想を話して下さった。「いやぁ、食事の席で何度かご一緒したけどその時はただのオバさんなのに、ほんとビックリしたよー」と、これまた、そうのたもうた。

何故、日本の男性は、いや女性自身もだが、若さに羨望《せんぼう》の気持ちを持ち、固執するのか。もっと中身を見てよと叫びたくなる。整形したい気持ちも分かるが、シワの一本一本に刻まれた時間は、自分自身が築き上げた素晴らしいものではないか……。と、まあそう言えるように、正々堂々と歳《とし》をとっていこう……と。ちょっと傷ついたオバさん2人の結論でした。

私が夢子ちゃんだったころです

言わずにはいられない

自分の意見をはっきり主張するのは、なかなか難しい。初対面であったり、立場が上な人であったり、関係性を考えると黙っていた方が楽という人の方が多いかもしれない。が、私は嫌なことは嫌、「ノー」と言える人間になりなさいと幼い時から父に言われて育ったせいもあり、信念を曲げるのは卑怯《ひきょう》という考えで生きてきた。というと大袈裟《おおげさ》に聞こえるが、実は信念を曲げるほどの出来事はそうそうにはない。それでも、ここぞという時は別人のようになる自分がいる(仕事上でのことが多い)。

今やっているのは論争好きの(良い意味です)イギリス人が書いた芝居で、上司だろうと、それぞれが自分の意見をきっぱりと言う。そこがたまらなく痛快で面白い。そんな医者、ルースをもう2カ月演じているので普段の話し方もかなり論理的になったことに気づく。

自分の意見を言わずにはいられない症候群的な……。今日のインタビ

ューでもそうだった。「関西人のお客様に対して、どういったことを望みますか」と聞かれ、「何故《なぜ》、グループ分けをするのか理解できません。(ルースはグループ分けをするのが嫌いなのです)一人一人、皆違う自分がいるのです。関西人という括《くく》りで、人懐こい、お笑い好きとされるのが好きではない人もいるかもしれません」と言った後で、「でも正直に笑ったり、泣いたりしてくださる方が多いので、楽しい半面、怖くもあります」と付け加えはしたが。

例えばある駅のホームで若い制作助手の方が迎えに来てくれたとき。最近(と言うと歳《とし》を取ったようで嫌なのだが)、気が利かないというか、当たらずも障らずという人が多いような気がする。昔は旅館の番頭さんのように「お待ちしてました。お荷物お持ちしまーす」と必要以上に大声で言ってきたものだが、今はスーッと挨拶《あいさつ》をして、スーッと前に立ち、スーッと歩く。何か話そうよといつもなら心で思うだけだが、今はルースの人格が登場する。「女の子が(子じゃないけど)荷物二つも持ってるんですから一つ持ってください」「あ、はい、失礼致しました」。そして、私の人格が一言。「絶対、そういう男子の方がモテるよ」と言うとその男子も緊張が取れ、色々と話せるようになった。今はなかなか人との距離を縮めるのが面倒だと思う人も多いが、それでは絶対にいかんのだ。自分の考えを持って、人と人とが向き合って、なんぼじゃ。きちんと自分の意見を持ち、それを伝え、ガッツリと触れ合っていきたいもんじゃ。これは何弁じゃ⁉

何でもハッキリ言えちゃうルース＝株式会社パルコ提供（宮川舞子氏撮影）

悲しみを体の一部にして

12月5日は中村勘三郎さんの9回目のご命日だった。兵庫での公演を終え、そのまま通いなれた勘三郎宅へ。20時を回っていたが、ご家族や親戚の方はもちろん、親しい仲間たちが賑《にぎ》やかにワインを飲んだり、お鍋をつついていたりしていた。

あれからまる9年。あの時、悲しみのどん底に突き落とされた同じメンバーだが、今はもう涙を流す人はいない。それが年月というものだ。それは忘れ去ったということとはまた違う。その時の悲しみを体の一部にして、人は生きているのだと思う。涙を流すことは悲しみの表現のただ一部なのかもしれない。

私は20歳の時に父を亡くした。私たち5人の子供たちは、まるで雇われたどこかの国の嘆き屋のように号泣していたのに、母は一粒の涙も流さなかった。「なんで、なんで、お母さんは泣かないの」。まだ何もわか

らない妹と私は、そんな母に怒りさえ覚えていた。

ある日、深夜に父の遺影の前で座り込み、静かにただただ涙を流している母を見て、私は「お母さん、ごめんなさい」と言いながら、そっと部屋の扉を閉めた。

母は涙を流す以上に悲しんでいたのだ。まだまだ問題が山積みのこれからのことを考えていたのだろう。母はそれまでどんなに家が経済的に逼迫《ひっぱく》していても、涙を流すことはなかった。疲れながらも明日をどうするかで頭がいっぱいだったのだ。泣く余裕すらなく生きてきた。

母は年老いてから、父のことをよく話してくれた。父の駄目なところや、弱いところも笑いながら話してくれた。亡くなる半年前くらいから、写真を見て「章雄《ふみお》さん、逢《あ》いたいですよー」と初めて父の名前を口にして呼ぶのを聞いた。悲しみは、体の一部となり「愛」として財産になってゆくことを知る。

中村屋に話を戻そう。私たちは夜中まで、いつも彼がいた時にそうしていたように芝居の話で盛り上がる。彼の写真をテーブルに置き、そこに彼も参加している感覚になり、がしかし、やはり、いて欲しかったという話になってしまう。立派になった息子たち二人と、立派な役者になり始めている孫の二人を見ながら、寂しいけれど未来も見える。そして、その未来にも勘三郎の存在を確信することができる。

キッチンに行くと奥様の好江ちゃんが、私たちのためにお雑炊を作ってくれていた。「大竹、味見て」「美味《うま》い」。私たちは少し涙ぐみながら笑った。

毎朝、おはようと話しかけられる二人の写真

芝居、芝居の一年でした

今年があと2週間で終わろうとしている。2年前のあの時から、全ての人の生活が変わってしまったように、私自身の生活もまただいぶ変わってしまった。と言うより、前にどんな生活をしていたかさえ忘れてしまったような気もする。

今年、出演した芝居は3本。9月の末から始まった「ザ・ドクター」はまだ地方公演のツアーの真っただ中。と言うことは、クリスマスの計画を立てることも、誰かとお食事に行くこともできない。勿論《もちろん》、それは感染予防のためだ。私たちはいまだ2週間に一度はPCR検査を受け、抗原検査もその度にドキドキしながら繰り返し受ける。少しずつコロナが収束しそうに見える今でもそれは続く。メイクをしているというのに、袖に引っ込んだらとにかくマスクを着用。終演後、私たち役者11人が、各々楽屋に戻る前に円陣を組み、今日も芝居ができたことの喜びを分か

ち合うための大切な時間もマスク着用だ。
今年の初めの「フェードル」は、１月７日が初日予定だった。大晦日《おおみそか》も稽古をし、夜は誰にも会えず、私はただ家にいた。息子が年明けの真夜中に家族ぐるみで30年近くお付き合いしている友達のところへ出かける。私も行きたいところだったがそこはぐっと我慢した。30年間、一緒に年越しをしてきた友人との楽しく大事な時間だったが、芝居を控えている以上仕方ない。
そして元旦。私がおせちを並べ、お雑煮を作っていると、息子が少し妙な顔で私に言う。「俺に近付かない方がいいと思う。昨夜○○君のお父さん熱があったから」。お正月早々私たちは、違う時間に食卓に座り「おめでとう」を言うこともできず、不安な一日を過ごした。３日、その方の感染が分かり、すぐに私と息子も抗原検査へ。陰性と分かり、私は劇場へ。だが建物の中には入らずに、楽屋口の前に車をとめ、プロデューサーの指示を待つ。「濃厚接触者である息子さんのＰＣＲでの陰性が証明されないと劇場には入れません」「稽古が、稽古ができない」。楽屋口にとめた車の中で、ＰＣＲ検査の唾液《だえき》を出す。もう何度も何度もやっているのでいとも簡単に採取できるようになっている。結果の出る次の日まで私はホテルでの生活を余儀なくされた。結果二人とも陰性だったので無事に幕は開いたが、本当に恐しい2日間だった。

そして、それ以来なぜか、対面ではなく、隣同士、庭を眺めながらの食事をするようになってしまった私たち親子。縁側にいる老夫婦のように、ポツリポツリと話しながら。新しい年は、少しずつ世界が戻るよう、人と人とがきちんと触れ合えるように祈りつつ、今年最後のコラムとします。一年間、ありがとうございました。

来年が良い年でありますように

このチーム、忘れない

　2022年が始まりました。横浜港に停泊しているクルーズ船から日ごとに増えていた「感染者」という聞き慣れない言葉を、まるで映画のようだと思いながら見ていたあの日から2年が経とうとしている。すっかり変わってしまった私たちの暮らし。それでも私はその間、なんと4本の芝居を作ってきた。

　舞台に携わっている時は特に神経質になり、外食は勿論《もちろん》、友人と会うこともできず、近くに住む娘ですら、抗原検査キットで検査をしてから、食事をするという時期もあった。打ち合わせも歌のレッスンは勿論、ラジオの生放送も自宅からリモートでしたこともあった。

　9月の末から始まった舞台「ザ・ドクター」。役者は年齢も様々な11人。始まる前、インタビューで私は「初めて会う者たちが、打ち解ける為の食事会もお酒の席も今はありません。グズグズ言っていられません。

すぐに心を開き、お互いをさらけ出し、仲間になってゆく以外に、この芝居の成功はない」と言っていた。稽古場で真摯《しんし》に戯曲に向き合い、私たちは皆必死だった。年齢もキャリアも関係なく助け合い、一緒に挑んでいった。本番では始まる前に円陣を組み、気合を入れる。カーテンコール後もほんの数分だけ集まり今日の反省と、喜びをそれぞれ口にし称《たた》え合う。

全38回の公演が無事に終わったその日、いつも私がやっている円陣での一本締めを、益岡徹さんにお願いした。「良いチームでした。美しいチームを僕は誇りに思います」と言って泣いておられた。すると、まるで劇中のセリフのように「待て、待て。これで終わっていいのかな。これで我々は終われんだろ」と橋本さとしさんが言う。「終われません、教授」「今、私たちには提示しなければならないものがあります」「そうとも、我らがルースに渡さなければ」と言って、皆が私を見る。渡されたのは一冊のアルバムだった。

サプライズだ。スタッフと、そして10人の仲間たちとの懐かしい沢山《たくさん》の写真と、温かい言葉がぎっしりと書かれていた。一人ひとりの本当に心からの言葉が。一緒に劇中に出てくる黒猫の手作りのお人形も。背中に白衣姿の私が刺繍《ししゅう》されている。こんなことされて泣かない人はいるだろうか。あったかい涙がつーっと溢《あふ》れた。

一つのものを皆で作り上げた。昨日より今日、今日より明日と、皆が同じ気持ちで高みを目指し続けたからこそ生まれた美しい絆だった。そして今日、このチームは解散する。でも食事なんてしなくたって、芝居を通して築き上げたこの絆を私は忘れないだろう。

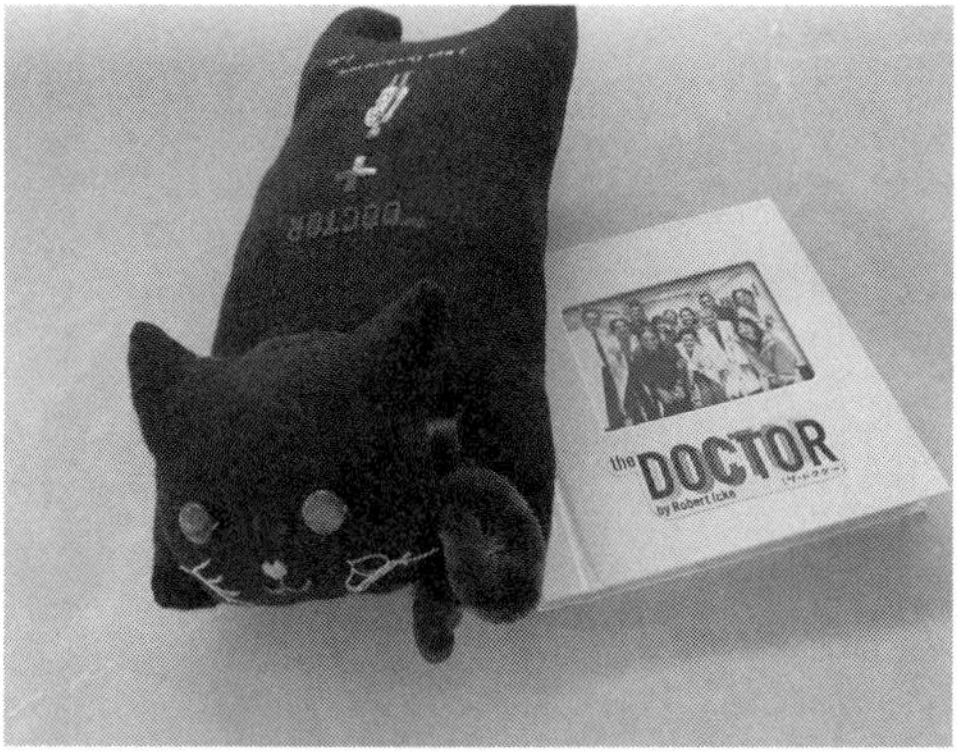

大事にします。沢山の思い出と共に

お登紀さんの生き方

歌手の加藤登紀子さんのYouTubeチャンネル「土の日ライブ」に先日、出演してきました。

私と加藤さんの歌との出会いは、なんだったのか。小さな3畳の掘炬《ほりご》燵《たつ》のある茶の間で、父が片手で拍子を取りながら聴いていた「知床旅情」だろうか。それとも姉が歌っていた「赤い風船」だっただろうか。いずれにせよ、まだ小学生の頃だった。感動している父の姿に感化され、3番まである歌詞を全部覚え「羅臼ってどこ?」「気まぐれカラスさんって、どういう意味?」と質問し、理解を深めていった（今でも全部歌えます）。

その加藤さんと何年か前に、新聞の対談でお話ししたのがきっかけで、私がコンサートへ行ったり、加藤さんが舞台「ピアフ」を観《み》に来てくださったりしていた。それだけでも恐縮してしまうのに、ある日私がテレ

ビで歌う姿をご覧になって、お手紙をくださった。「あなたの歌に感動しました。これからもどんどん歌ってちょうだい。歌とはこうでなくてはいけないの」。大きな励みになったのは言うまでもないが、同時に、自分が思ったことを相手にそのまま素直に伝えるという人間性に感銘を受けた。

配信当日。加藤さんの事務所にお邪魔する。支度するお部屋にはお茶菓子と温かいお茶が用意され、エアコンのチェックも加藤さんご自身がされ、私たちに説明してくださる。

その部屋の壁一面が本棚で、そこにはありとあらゆるジャンルの本が並んであった。音楽は勿論《もちろん》、文芸書、哲学書、思想書……。その幅の広さに圧倒される。

学生時代に古本屋さんで買ったという伊藤野枝の本を嬉《うれ》しそうに見せてくださった。学生運動をして投獄されたご主人と獄中結婚なさったのは有名な話であるが、「そうそう、この本も私が彼に差し入れしたのよ。

私が彼に一言書いたページは破かれてしまっているわね」。そして本番が始まる。大先輩であるのにもかかわらず、私はまるで昔の同級生に話すようにお喋《しゃべ》りをした。

それはなぜか。多分、お登紀さんは、私という人間に誠実に向き合って、興味を持ってくれているのがわかるからだ。これこそが彼女なのだ。感じたままに動き、行動する。アフガニスタンで凶弾に倒れた中村哲さんの無念をすぐに本にして、私たちにその人生を教えてくれた。言葉にして、歌にして伝える。そして、そこには常に愛がある。

子供の頃、父が私に言っていた言葉をふと思い出した。「いいかい、魂にシワのよらない若さを持とうね」。お登紀さんとはそんな人だ。50年前の父の言葉を久し振りに思い出し、そんな人が目の前にいることがとてつもなく嬉しかった。

YouTubeから、まだ見ることができます（2023年11月現在）

「しのぶちゃんはどうしたい？」

あれは1週間ほど前のことだったろうか。

お風呂のお掃除を終え、お水を勢いよく流しながらふと、「あー、そういえば保坂さん元気かなぁ。たまには私から連絡をとって、みんなと会いたいなぁ」。そんなことがふと頭に浮かんだ。

保坂さんとは、私が25歳の時に結婚したテレビのプロデューサー兼演出家であった夫の右腕でもあり、親友でもあった方だ。

17歳も年上で、2回も結婚していた夫との交際は、当時かなりのスキャンダルとなり、マスコミから逃れるために奔走してくれたのが保坂さんだった。晴れて結婚できることになり、式やパーティーの段取りを保坂さんとそのTBSの仲間たちが取り仕切ってくださった時も「しのぶちゃんはどうしたい？　服部ちゃんはどうでもいいからね」。そんな冗談を言ってみんなを笑わせていた。

そして本当に当日、掲げられた金屏風《びょうぶ》の上にはこんな横断幕が。大きな字で「しのぶちゃんおめでとう‼」。そしてその下に少し小さな字で「服部君　どうも」。そんなユーモアたっぷりの仲間たちが私は大好きだった。

新婚旅行先の蓼科にも彼らはサプライズでやって来た。テニスをしたり、ギター片手に大声で歌ったり、夜中に走って競争したり。そんなみんなといつもいつもはしゃぎ回って、毎日笑って、私は両手に抱え切れないほどの幸せを感じながら生きてきたような気がする。だが、そんな生活はたった5年で終わってしまう。結婚1年目に夫に癌《がん》が見つかり、手術をしたものの余命は1年と宣告される。が、奇跡が起こり、子供にも恵まれた。

けれど4年後の夏。ちょうどその頃、私が主演で夫はドラマの制作をしていた。勿論《もちろん》、制作担当は保坂さんだった。日ごとに体調が悪くなり、最後の脚本の直しを終え、彼は力尽き入院する。当時、癌の告知は今のように本人に行われているものではなく、私は母にも義母にも、そう大事な彼らにも言わず、義姉と二人だけで秘密を守りながら生きていた。亡くなる10日前に、ついに入院する。何も知らない保坂さんが、目を真っ赤にしながら病院に毎日通ってくれた。私は初めて大好きな仲間に告白する。そして、みんなに見守られながら、夫は逝ってしまう。彼らにしたら、何も言わなかった私への怒りもあっただろうに、責めもせずただただ一緒に泣いてくれた。

そして。彼とのお別れをどうするか。あの結婚式の時と同じように保坂さんが聞いてくる。「しのぶちゃんはどうしたい?」

（つづく）

うれしくて私は、ただただ泣いていました

会いに来てくれたんだね

前回からの続きです。

25歳の時に、私は17歳年上のテレビプロデューサーと結婚し、インタビューで「それは平仮名で書く〝し、あ、わ、せ〟なんです」と言っていた。そう、一つのことを除いて。夫は結婚一年目で癌《がん》になり、息子が2歳の夏、彼は力尽き入院となる。危篤状態となり、大好きなTBSの仲間たちが病院を訪れ、交代で彼を励ましながら廊下で泣いている。みんなの膝《ひざ》を2歳の二千翔《にちか》が一人一人トントンと叩《たた》いていく。「泣いちゃダメよ、泣いちゃダメよ」。だがとうとう無言の帰宅をし、お別れをどうするかという時に、結婚式の時と同じように、彼を一番理解してくれていた保坂さんが私に聞く。「しのぶちゃんはどうしたい？」

教会やお寺は似合わない。大好きなドラマを作ったスタジオでお別れしたい。無謀な私の申し出に、保坂さんはすぐに動いて、前代未聞のスタジオ葬となった。読経も牧師さんの言葉もなかったが、作業着のまま多くのスタッフさんも来てくれた。役者さんにも囲まれ、彼は友人の力で天国に行くことができた。友人葬だ。斎場でマスコミから幼い息子と私を守るために保坂さんを中心にＴＢＳの人たちが一列の壁になってくれていたあの風景を私は一生忘れないだろう。

だが一年後、私は再婚をする。みんなはなんと思うのだろう。保坂さんに電話で報告すると、「いいんだよ、僕たちはしのぶちゃんとニッカが幸せなら。それが服部ちゃんの望みだから」。この言葉にどれだけ救われたか。それからはなかなかお会いする機会もなく、そのうちテレビ局も辞められていたので、最後にお電話で近況など話したのが去年の9月だった。

それが突然ふと思い出し、なぜか連絡を取らなくてはと思っていたら、なんと保坂さんから着信が！　以心伝心とはこのことだ。「あー、保坂さん、電話しようと思っていたの。びっくりしたぁ」。声が少し沈んでいる。「実は○日に亡くなりました」。私はそれでもわからなかった。「誰が?」。保坂さんは黙ってしまった。

あー、たけちゃんだ。保坂さんの息子さんのたけちゃんだ。お父さんと同じ丸いお顔の幼いたけちゃんを思い出した。声も話し方も保坂さんにそっくりだった。

1週間ほど前に、私がお風呂のお掃除をしている時にお父さんのことを考えたの。どれだけお世話になったか、どれだけ優しく素敵な方だったか。私は無我夢中で話していた。考えたら40年以上昔のことなのに、優しさというものは色あせないということをその時、実感した。しのぶちゃんのこと、ちゃんと二人で見てるからね。保坂さんの声が聞こえた。

三列目、一番後ろにいらっしゃる丸いお顔の方が保坂さんです

来てたわね、ピアフ

「路上で生まれた魂」。作家であり詩人でもあるジャン・コクトーからそう称されたフランスのシャンソン歌手、エディット・ピアフ。そんな彼女の生涯を描いた舞台「ピアフ」が、いよいよ24日に幕を開ける。

２０１１年の初演から何度も再演を重ね、今回が5度目の上演となる。今、私の生活のほとんどはピアフで占領されている。肉体的にも精神的にも。それほどまでに、彼女の生涯は強烈で激しく、そして美しい。必死に人を愛し、別れ、酒と薬に溺れ、47歳の若さでこの世を去る。そんな人生を生きた彼女の歌が、なぜ今も人々に愛されるのか。それは愛の歌だからだ。どんな時も彼女は愛の素晴らしさを教えてくれるからだ。演じながら、私自身が大きな愛に包まれ、まるで美しいバラの花束を抱えているような気持ちになる。

そして、ここからが嘘《うそ》のようなほんとの話……。

ある日、美輪明宏さんがピアフを観《み》に来てくださることになった。あの美輪明宏さんである。私は20歳の頃に美輪さんの歌う「愛の讃歌」に感動し、しばらく客席から立ち上がることができなかった。その方が……。少しばかりの緊張を感じながらも芝居が始まれば、何もかも忘れピアフになる。一幕は、生涯愛し続けたボクサーを飛行機事故で亡くしてしまう場面で終わる。二幕からのピアフは彼を忘れられずにお酒やドラッグに依存するようになりボロボロの精神状態に。そんな場面を演じながら私は自分自身の身体の異変に気づく。

　頭の中でキーンと常に音が鳴り、首の左のあたりがずしんと重い。どこかでひねったか？　もう一人の冷静な私が問いかける。いや、違う、これは外的なものではなく内部から何かが起こっている。この不思議な状態は、役の上での薬のせいだと気持ちを切り替え、その奇妙な身体の状態を楽しむことにした。頭で鳴り続ける音、誰かにグイと抱き寄せられている首も、この不安定さはより一層、私とピアフを近づかせてくれている。なんだか楽しくさえなってくる。

そして幕が下り、楽屋に美輪さんが来てくださった。少しばかり緊張している私に美輪さんが一言。「あなた、左の首のところ、何か感じなかった?」「え?」「来てたわね、ピアフが」

美輪さんがおっしゃるには、左の首あたりに、しっかりと見えたということでした。ワオー、な、な、なんなんだっ。

そんな「ピアフ」。いよいよ始まります。彼女の魂を届けられるように精いっぱい演じます。

稽古場も残すところ、あと一日

戦争なんて、絶対に嫌だ

　一体何が起こっているのだ。

　戦争と云《い》う恐ろしいことがこんな風に始まってしまうものなのか。誰が望むのか。誰が一体喜ぶのか。そんな人はいないことは分かっているのに。なぜ、なぜ誰も止められないのか。

　学校が、病院が破壊され、罪のない人々の命が次々に奪われていく。EUはウクライナに580億円もの武器調達資金の支援を約束する。なぜだろう。そのお金が武器になり、愛する家族のために残ったウクライナの男たちの手に渡り、人々がまた命を落とす。けれど支援がなければ国が滅びてしまうのだ。

　ウクライナの国連大使が発表した、若いロシア兵と母親とのメッセージ。

「どうして返事をくれないの？　パパが荷物を送りたいって。どこに送ればいい？」「ママ、演習じゃないんだよ、僕は今ウクライナにいるんだ。僕らは歓迎されると聞いていたけど、みんなは僕らをファシストと言っているよ。ママ、怖いよ」。そしてこの直後に、この若い兵士は殺されたという。

昨日まで子供の笑い声が響いていた美しい街で、全くそこに行く意味も分からず送り込まれたロシア兵士。その彼らを敵と呼ぶウクライナの人たち。昨日までは何も知らず、似た言葉も話す人たちが敵になるというのか。

大きな銃を持つロシアの兵士に、中年の女性が詰め寄る。「何をしに来たの？　ここは私たちの国よ。さあこのひまわりのタネを持って行きなさい。ポケットに入れて。貴方《あなた》たちはここで死に、その死体の上にはひまわりが咲くことでしょう、ほら、ポケットに入れなさい」。こんな辛《つら》いことがあって本当にいいのか。私には何もできない。無力である。

今、公演中の舞台「ピアフ」でのワンシーン。劇場で私が歌っていると、支配人が飛び込んで来て「皆さん、戦争が、戦争が始まりました」と叫ぶ。私たちはその言葉を今リアルに感じ、演じる。

戦争が終わった知らせを聞いて、みんなで歌う「ミロール」を朝のサウンドチェックで誰ともなくウクライナの為にと願い必死になって歌い、叫んだ。

1日でも、いや1時間でも、いや、1分でも早く終わらせて欲しいという願いを込めて、今日も舞台に立つのだ。

私たちは現実をリアルに演じることしかできません＝東宝演劇部提供

ねえ、何ができる?

時々、胸がグッと締め付けられるような気がして、何をしていてもその手が一瞬止まる。廊下を歩いている時、食器を洗っている時、夜ベッドに入ろうとした時。彼らは今、どこにいて、どんな思いをしているのだろうか。苦しすぎる。

テレビのニュースを観《み》ていても消したくなる衝動に駆られ、いいや、目をそらしてはいけないのだと思い、またスイッチを入れたりの繰り返しの日々。多分、世界中の人たちが同じ気持ちなのだろう(情報がきちんと知らされる国であれば)。

去る8日は国際女性デーだったとか。女性の権利を守り活躍を支援する日であり、1975年に国連が制定した記念日で、女性にミモザの花が贈られる。

が、しかし戦地のウクライナでは、その女性たちは、花の代わりに銃

を持ち、戦闘服を着ている。いつロシア軍が襲ってきてもいいようにと、火炎瓶を作っている女性もいる。「食料もお水も薬もないの」と叫ぶ女性も。そんな日に何を祝えと言うのだ。

夕飯の時、いつも息子との会話はそのことばかり。しばらく色々話して「ご馳《ち》走《そう》様」と立ち上がる息子に私が尋ねた。「ねえ、何ができる？誰か何かできないの？」「できないでしょ、結局は自分たちが大事だから」。そうなのだ、どっちにしても他人《ひと》事《ごと》なのだ。自分の国を守るのが大事なのだ。

そして今日は3月11日。忘れてはいけないとみんなで叫んでいた東日本大震災から11年が経つ。しかも今年は同じ金曜日だ。どんな思いでこの日を迎えたのだろうか。

福島から避難生活をされている方はまだ大勢いる。果たしてそれを避難と言うのか。10年を区切りとし、その上コロナもあり、追悼式も行わないところが多いという。ご遺族の中には、思い出すことが辛《つら》いと言う方も多いと聞く。悲しみは蓋《ふた》をして忘れようとするのが人間だ。と同時に忘れることができないのも人間だ。

当事者でない私はただただ無責任に「あー、かわいそうだな」と思うだけだ。

がんで亡くなった井上ひさしさんの病床での言葉を思い出す。痛みに苦しみながらも娘さんに「病気で死んでゆけるのは幸せなことなんだよ。戦争や災害で突然命を絶たれるんじゃないのだから」と。

舞台「ピアフ」の劇中、亡くなった恋人に捧げて歌う「愛の讃歌」。あなたが去っても、私は嘆かない。神はまた私たちを結ばせてくれる。といった内容の歌だ。

今日も芝居をすることで、沢山《たくさん》の魂に祈りを捧げよう。今の私には、それしかできないのだから。

いただいたミモザの花。願いを込めて飾りました

真夜中の洗濯

現在、公演中である舞台「ピアフ」。夜公演がある日は、終演は9時過ぎになる。メイクを落とし、その日の反省や確認をバンドや演出部の方としてから、いつものように、(どの芝居でもそうなってしまうのだが)楽屋を一番最後に出て、帰宅をすると11時近くになっている。キッチンを片付け、お風呂に入るとあっという間に、日付が変わる。

明日のために何時間寝られるかを計算しながらの家事。洗濯機を回すか否か。朝回して干して行く余裕はないだろう。仕方ない回すとするか。深夜に洗濯機の回る音が響きわたる。稽古着やらバスタオルやら息子の洋服など。ふと母のことを思い出した。私たち五人の子どもの日曜日の朝食はいつもお昼近かった。月曜日から土曜日まで働き詰めの母は、日曜日の朝早くから洗濯をする。

私たち五人と父と母の七人分の洗濯だ。なかなか朝ご飯の支度をして

くれない母に父は少し苛立《いらだ》ち始める。「お母さんを早く呼んで来なさい。もうご飯にしようって」。当時、洗濯機はまだなかったような気がする。少なくとも我が家にはなかった。私はお風呂場で洗濯している母のところへ行く。母は私の呼びかけに手を止めずに「もう少し、もう少しだから待っていて。日曜日は朝昼兼用。ブランチよ、ブランチ」。

　タライのなかの洗濯物と格闘している母から出てきた不思議な言葉。母から学んだブランチという言葉。母は洗濯物を細かく分類する。色、柄物はもちろん、下着や靴下は別にして一層丁寧に洗う。

　こだわりがあるその洗濯物は近所の人からも「大竹さんのうちの洗濯物はいつも本当にきれいねえ」と褒められることが彼女の自慢だった。そう、あの「白さと香りの～」のコマーシャルに出てくる光景のように真っ白になった洗濯物が風に翻るのである。

　お母さん、大変だったんだな。食事を待たれながら大量の洗濯をし、また片付けをして眠る生活。朝から晩まで平日は仕事をし、日曜日は家事に追われてきた。ずっと働いていたなあ。そんなことを考えながら、今日も満員のお客様から熱い拍手をもらっていた自分が今、真夜中に洗濯物を干している。これが現実だ。これが私の日常であり、そして今の私を作っているのだ。

子供たちのために必死に最後まで割烹着《かっぽうぎ》を着続けた母。真夜中のちょっとした洗濯に悲鳴をあげている場合ではない。私はＴシャツにしわが寄らないようにパンパン大きく叩《たた》いた。また、母からファイトをもらった。

3時間公演が終わった直後、ボロボロの私です

終わった、終わってしまった

忘れられない大千秋楽になった。

2月24日に幕が開いた舞台「ピアフ」。熱い拍手をいただきながら舞台に立てる喜びを噛《か》み締《し》める毎日だった。当たり前のことが当たり前にできなくなったこの2年。とにかくみんなが気をつけながらの生活を強いられていた。あちこちの公演が、中止や延期になる中、なんとか私達は続けることができていて、それがあと2日というところで関係者の感染が分かったのが先週金曜日の夜。

「明日の2公演は中止になりました」。ついにきたか。聞きたくなかったその言葉が頭の中でぐるぐると回る。沢山《たくさん》のお客様に悲しい思いをさせてしまう。どんな思いでチケットを買ってくださったのかと思うと胸が痛む。が、誰のせいでもない、誰が悪いわけでもないのだ。そして明後日の大千秋楽をどうするか。代わりの方を九州に呼び、動きなどを確

認する稽古が当然必要となる。制作側が私の考えを聞いてきた。「どう思われますか?」。私の出した答えは「トライ」だった。やってみよう、これまでのクオリティーに届かなければ、その時はやむを得ない。

東京から急遽《きゅうきょ》新しい人が来てくださり、私達はまた必死になって稽古をする。役者もスタッフも今までにない緊張感と、何よりも、もう一度この舞台を届けたいという思いで一つになっていた。できる。これならできる。それが発表されたのが、前日の夜11時だった。

その一方で、翌日の朝9時に私たちは劇場に入り、ある練習を始める。飲み会も打ち上げもできなかったスタッフさんに向けて、歌のプレゼントをしようと秘密の練習を重ねてきたのだ。曲は「上を向いて歩こう」。美しい3部のハーモニーがリハーサル室に響く。上演1時間前、スタッフのみんなに「舞台上に集まってください。全員、来てえー」と、私が叫ぶ。

客席側に私達キャストが並び、100人近いスタッフみんなに向かって歌った。真剣な顔で、涙を拭いながら聴いてくれていた。一人ぼっちだけど、一人じゃないよ。そんな思いがこみ上げてくる。

そしていよいよ本番、怒濤《どとう》のように3時間が過ぎていった。鳴りやまない大きな拍手、何度も繰り返されるカーテンコール。役者達自身も泣いていた。

私達は打ち合わせもなくアンコールに応えて、みんなで劇中での最後の曲「水に流して」を歌った。「もういいの、もう後悔しない。新しい人生が、今日から始まるのさ」と。お客様と一体となり、それぞれの胸に希望が、喜びが生まれることを感じる。劇場は美しいものを、そして真実を届けることができる場所なのだということをまた教えてもらった。

感謝を込めて歌いました＝週刊文春提供（4月21日号掲載。三浦憲治氏撮影、福岡市の博多座）

春眠、暁を覚えず、だなあ

久しぶりにのんびりとした毎日を過ごす。連休の間、予定を立てずに過ごしてみることに。すると……。

とにかく眠い。8時に夕食を終え、ベッドに向かう日が続く。何もしなくていいという解放感と、今までの疲れがドッと出たのか分からないが、兎《と》にも角《かく》にもただひたすら眠いのである。やっと時間ができたのだから、やれていなかった洋服や机の整理、キッチン周りの細々した整頓、やることは山ほどあるが、全くやる気が起こらない。そして、あの自粛期間のように、ただひたすら食事の支度に洗濯、掃除で1日が終わっていく。舞台の本番中は、あれだけ動かしていた身体も、全く動かす気にはなれない。ジムに行ったり、お稽古ごとに通う同業者を本当に心から尊敬する日々である。

そんなある日のこと。1、2時間ばかりの所用を終え、家にいる娘に

電話をする。まだ昼食は取っていないと言うので久しぶりにハンバーガーを食べないかと提案してみる。まぁ、帰ってまた食事を作るのが少し面倒であったことも理由の一つだったが。忙しそうに対応するお店の若い女の子の、ちょっと無愛想な顔を見ながら、あー、疲れているんだな、頑張れ、頑張れと思っている余裕のある自分がいる。家に帰り、「庭で食べない?」と、娘の提案で小さなテーブルに買ってきたハンバーガーとレモネードを置いてみた。お洒落《しゃれ》なカフェのようだ。地域猫が顔を出し、こちらを眺めている。春の光と猫の顔と何げない会話と、久しぶりのハンバーガー。ますますぽわぁんとしてきてしまった。

「ハンバーガーって、血糖値がグーンと上がるから眠くなるんだよ、寝たらいいじゃん」。その言葉を聞き、そのまま2時間眠り続けた。自分でもびっくりして、少し言い訳がましく、「すごい寝ちゃった」と言う私に「良かったじゃん、眠れて」と娘が言う。

なんだか幸せな気持ちになった。何げない家族のそんな言葉がとてつもなく嬉《うれ》しかった。公演中は食べたくなくても食べ、眠くなくても明日のためにベッドに入り、それ以外のことは何もできない毎日だった。全てのことから解放され、疲労を取り、また次へのスタートを切るまで、とことんのんびりしようと思いながらも、夕食のメニューを考える自分がなんだかおかしかった。

付け加えれば、毎日ハードな夢を見る。仕事上のトラブル、ある日は、会社の役員会で（私は社長になっていた）つるし上げられたり、いないはずの母が洋服のままシャワーを浴びたり、「お母さん、どうしたの？」と叫んだところで目が覚めたり、ハイ、人生は、春の光の中だけでは許してくれないことをわかっています。でもたまにはいいよね。

私が眠ると一緒にお昼寝してしまう我が家の愛犬です

人生は楽しくなければ

気持ちの良い朝。夏を思わせるように空は青く晴れ渡り、部屋の中には心地よい風が入り込んでいる。久しぶりに部屋の大掃除に取り掛かる。いつか読むかもしれないと取っておいた雑誌を処分していたその時、中高年向きの美しい表紙に書かれていた見出しの言葉に、ふと手が止まった。「人生はいつだって楽しい」

楽しいわけないではないか。ウクライナの人たちには決して聞かせられない言葉だ。光も食料も無い地下壕《ごう》に閉じ込められた人たちのことを考えながら、数年前の雑誌に向かって怒ったように独り言を言っている自分がいた。さっきまでの気持ち良い風も悲しく思え、掃除を続ける気さえなくなった私は、ため息を吐きながらテレビをつける。すると……。沢山《たくさん》の人を笑わせ続けてきた方が自ら生きることをやめてしまったニュースが飛び込んでくる。悲しすぎる。何故《なぜ》こんなことになってしまうの

だろうか。人間の心を、人生を楽しくするには一体どうすれば良いのか。

ウクライナの避難所で、小さな女の子が歌う「レット・イット・ゴー」の歌声を思い出した。心が荒《すさ》みそうになっている避難所で、親戚の方だろうか「歌って」と言われ、初めは恥ずかしそうに、が、そのうちに生き生きと、喜びに溢《あふ》れた表情で歌い出した少女の顔を思い出した。あの子は、あの場所から逃げることは出来たのだろうか。どうかどうか生きていて欲しい。

同時に、小学校時代にあったあることを思い出す。給食で大好きな揚げパン（コッペパンをただ揚げて全体にザラメ糖をまぶしたもの）が出たある日のこと。私が風邪を引いて欠席した時にクラスメートが届けてくれたのを、父と半分ずつ食べた時の美味《おい》しそうな父の顔を思い出した私は、そっと半分紙に包んで家に持って帰った。当時、父は結核を患い入退院を繰り返していた。生き甲斐《がい》だった教職は追われ、働ける場所は大きな鉄材のペンキ塗装しかなかった。私たち家族の暮らしをなんとか支えようと必死だった父。父は揚げパンを受け取り私の頭を優しく撫《な》で「ありがとう、良い子だ、良い子だ」と言った。

その数日前、私が学校から帰ると、茶の間に一人座っていた父はこう言ったのだ。「おとうちゃんね、今日、なんだか消えてしまいそうになったんだよ、お母ちゃんにもみんなにも申し訳なくてね」。私は何も言えずただただ父の顔を見ていた。田んぼの中の真っ直《す》ぐな一本道を悲しそうに自転車をこいでいる父親の姿を、想像して悲しくなった。

なぜ、こんなことを思い出したのだろう。

外では鳥が高らかに鳴いている。さあ、頑張ろう。

生き生きとしたモミの木の新芽です

写真の母に、ありがとう

私は滅法《めっぽう》だらしがない。

きちんとした母に育てられたのに何故《なぜ》こんな風になってしまったのだろう。整理整頓が苦手で、おまけに計画性もない。コツコツ積み重ねるという努力もできない（芝居以外は）。試験勉強は必ず一夜漬けで、日記は続いたためしがない。携帯の写真で日記をつけるのはどうだろうかと思ったが3日と続かない。三日坊主という言葉さえ、私の前から逃げ出してゆく。

勿論《もちろん》、毎日の洗濯、部屋や水回りの掃除など、日常の家事はきちんとやれるのだが、差し迫って必要でないことは全て後回しになってしまう。例えば、写真の整理もその一つだ。子供が小さい頃はアルバムを作り、横にはシールを貼り、言葉なんぞを書いていたこともあったのに。何度も引っ越しを重ねているうちに、アルバム自体がどこかへ消えてしまっ

た（探せば、何処《どこ》かにはあるはず）。

そんなある日、なんとなく整理を始めた普段使わない戸棚から出てきたものは果たして……。ほとんどがいらないものばかりであった。昔の携帯、今は影も形もない電化製品の説明書、生命保険のなんたらかんたら。と、沢山《たくさん》の写真が入っているくしゃくしゃなビニール袋が出てきた。

息子がまだ小さい頃の写真のようだ。毎日のように撮っていた頃、アルバムに貼りきれないものをまとめたものだろう。一枚一枚を見ながら思い出が蘇《よみがえ》る。まだ歩くこともできない3カ月の赤ん坊なのに無理やり靴を履かせられている息子、ベビーベッドの周りをつかまり立ちする息子、お祭り、誕生日、初節句、娘の写真も出てきた。そしてそのそばには必ず母の姿があった。息子を、娘を抱いている母の姿が。

髪もまだ黒い。ふと考えたら、息子が生まれたとき母は63歳。つまり今の私より若かったということになる。私は愕然《がくぜん》となった。そうかぁ、お母さん、まだ60代の前半だったんだ。それなのに毎日のように孫の面倒を見てくれていたんだ。今更ながら感謝の気持ちでいっぱいになった。一緒に旅行もしたし、楽しいことも沢山したけれど、もっともっと感謝をしなくちゃいけなかったなぁ。そんな中に紛れ込んでいた、ひと回り小さい、私が子供の頃の一枚の茶色い写真。小さな食卓で食事をしている父と私と、その真ん中に座っている母。なんだかとても幸せそうな顔をしている。私の子供たちを抱いている顔と変わらない幸せそうな顔だ。

そうか、母はずっと優しい人だったんだ。みんなの面倒を見ることが生きがいの人だったんだ。そして私はずっとこの笑顔の前に、そばに座っていたんだ。なんだか涙が出てきてしまう。6月1日がきたら100歳になっていたお母さん。会いたいなぁ。

大切な写真。アルバムに貼ろうと思います

100歳、おめでとう!?

6月1日。母が生きていたら、100歳の誕生日を迎えていたはずだった。4年前、もう最後になるかもしれないと覚悟しながら、姉妹や大勢の孫たち、よく一緒に旅行もした私の友達家族、そして母が可愛がっていた息子の友達、沢山《たくさん》の人に囲まれて、お祝いをした。母は「私は、世界で一番幸せなおばあちゃんです、バンザーイ」と両手を高く掲げていたっけ。96歳だった。

今朝、食卓で息子に「おばあちゃん、生きていたら、今日で100歳になってたんだよ、凄《すご》いね」と、私が言うと、「そんなこと言っても仕方ないじゃん」とつれない返事。私がまたしつこく「だって、100歳だよ、100歳」「うん。でも今はいないんだし、10年後に、あー、生きてたら110歳だったのに。20年後は、120歳になってたのにって言わないでしょ」と。

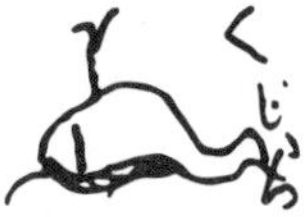

男の子はどうもつまらん！　と、そこへ娘が下りてきて突然「ねえ、服部のおばあちゃんって、何歳まで生きていたの？」。服部のおばあちゃん、私が最初に結婚した夫の母親、つまりお姑《しゅうとめ》さんだ。彼が亡くなり、再婚した時は凄い剣幕で怒られ、悲しがられたが、その後、また交流を持つようになり、入っていた介護施設に孫の顔を見せに度々訪れた。行く度に本当に嬉《うれ》しそうに「待ってたのよ、ずっと待ってたのよー」と繰り返す。私たちの為《ため》に取っておいたというお菓子を出してくださった。当然小さかった娘も連れて行く。娘は4、5歳の頃だと思う。お掃除してあげると言って、ベッドの周りを何やらいじっていたっけ。息子とは囲碁をしながらその様子を見ていたお義母《かあ》さん。本当に本当に嬉しそうだった。

ある日、「今日は大事なものを2人に渡したいの」と、子供たちに茶色い封筒を手渡した。「今のうちに孫たちに分けておこうと思って。少しよ、本当に少し」「でも、お義母さん、娘は違いますから（全く血の繋《つな》がりもないし、再婚したことをあんなに悲しんでいたのに）」。すると「何言ってるの。あんたの娘だったら、私の孫でしょ」とおっしゃった。怒りや悲しみを愛情に変えてくれたのだ。数万円が入ったその封筒を、娘は今も大事に大事にとっている。

話をしながらおばあちゃんの優しい気持ちを思い出して、朝から二人とも涙ぐんでいた。「あの時、おばあちゃん何歳だった？」「１００歳だったから、今生きていたら１３０歳！」。そうか。確かに、そんなことを数える必要はなかった。あの時の触れ合いを、そして触れ合うことのできる今を大事にしていこう。と、黙って聞いている息子の顔を見て思った。

お義母さんとも沢山、旅行に行きました

一本の鉛筆があれば

美空ひばりさんの『一本の鉛筆』を歌って下さいませんか？　ＮＨＫの「うたコン」から依頼が来た。何となくは知っていたものの、人前で歌ったこともないし、きちんと向き合ったことのない歌だった。

映画監督である松山善三さんが詞を書き、やはり何作もの映画音楽を作った佐藤勝さんが、１９７４年に開かれた第1回の広島平和音楽祭で唄う美空ひばりさんのためにお作りになった歌だった。

〝一本の鉛筆があれば　私はあなたへの愛を書く　一本の鉛筆があれば戦争は嫌だと私は書く〟といった真っ直《ま》ぐ《す》な言葉に美しいメロディーの、悲しく優しいけれど、強い歌だ。今、この状況で歌われるとは、ひばりさんご自身も想像しなかっただろう。21世紀に、こんな恐ろしい戦争が起こるなんて。

本番数日前、美しいアレンジを作って下さったベテランの先生と打ち

合わせも兼ねたオケリハーサルが行われた。ひばりさんの元々の歌に近いアレンジで美しいオーケストラの音になっている。私は一瞬の躊躇《ためら》いはあったが、ミュージシャンの方もいる前で話し始めた。

「ごめんなさい。申し訳ありませんが、音を少し減らして頂けませんか？　一本の鉛筆で、夫を亡くした女性が自分の言葉で一言一言、悲しみを伝えてゆくという感じにしたいのです」「例えばチェロ一挺で始まり、その一本、一本の鉛筆の言葉が、一人一人の人生が、静かに、けれど強く訴えるという形にしたいのです」

　アレンジの先生は少し考えてから仰《おつしや》った。「分かりました。まずはアカペラで。そこからチェロの低音がついてゆく」。そして凄《すご》い勢いで楽譜を書き直して下さったのだ。通じた！　分かってくれた！　ものを作る時の喜びの瞬間である。そうなった時にはもう遠慮はいらない。意見を言い合い、お互いに今できる最高のものを探しにゆく。「最後はボレロ風になって、8月6日という言葉が出てくるところは、ドラムの低い音で」と私は言う。言葉が音楽に乗り、声を通してその想《おも》いを伝えなければならないのだから。

そして当日。リハーサルでも、本番でも知らず知らずのうちに私の頬を涙が伝う。夫を亡くし、泣き崩れる彼女を想う。茫然《ぼうぜん》とする母親を想う。怒りと悲しみと絶望に打ちひしがれている彼女らを想う。前の日に見たニュースでは、夫の遺体を前に、彼女はまるで詩を暗唱するかのように叫んでいた。●月●日、貴方《あなた》と出会う。●月●日、貴方とキスをする。●月●日、貴方と結婚をする。●月……。最後の言葉を言い終え、彼女は気を失ってその場に倒れ込んだ。私は歌う。〃一枚のザラ紙があれば　あなたをかえしてと私は書く〃と。悲しすぎます。

ひばりさん、これからも歌ってゆきます

音楽の光に包まれて

あの天才2人の顔合わせがまた実現した。佐渡裕さん指揮、反田恭平さんがピアノで参加した「新日本フィルハーモニー交響楽団50周年記念演奏会」の名古屋公演に行ってきました。始まる前のロビーや客席は、そこにいるみんなの心がワクワクしているのがわかる。あー、来て良かったと思うと同時に、今この瞬間に爆撃で命を落としている人がいることを考える。綺麗《きれい》におしゃれをして、音楽を楽しむ平和な国の私たち。世界は、矛盾だらけだ。

まず佐渡さんが出ていらした。「ベートーベンが生きていたのはたった200年前です。その4分の1である50年間、この新日フィルはベートーベンを演奏してきたわけです。彼は、今も生き続けて私たちに光を与えてくれます。そう、今日ここにいる反田君のピアノと共に。彼の音は、ただ光を見せてくれるのではなく、まるで万華鏡の中の光を覗《のぞ》き込

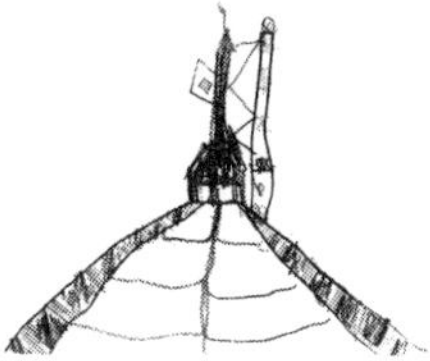

むような、そんな気持ちにさせてくれるのです」
開演。美しい音楽を待つ静寂なその瞬間、ジャーンと重厚なオケの音が。続いてピアノが軽やかに入ってくる。ベートーベンピアノ協奏曲第5番「皇帝」。何だろう、一音一音が心に入り込んでくるこの心地よさは！　ベートーベンは生きていて、これからも生き続けることを確信する。激しくも優しい演奏の合間、時折、反田さんは噴き出てくる汗を白いハンカチで拭う。どれだけの集中力と情熱でベートーベンと向き合っているのか。感動で、あっという間に40分が過ぎてしまった。
万雷の拍手を浴びて、反田さん1人でのアンコールになる。何も語らず彼は弾き始めた。美しく静かに。ショパンの「ラルゴ」。何故《なぜ》だろう、涙が止まらない、平和であってほしいと願う、子供たちに光を見せてあげたいと願う。透き通った光がホール全体を包み込み、そこにいる全員が平和を祈っていた。そして休憩明けは交響曲第7番。佐渡さんの力強い指揮による演奏。ベートーベンは、勇気をくれることを知る。心が躍り、血がぐるぐると身体中を駆け巡る。あー、凄《すご》かった。何だか上手《うま》く言えないけど、やっぱり凄かった。

そしてアンコール。あの音色を思い出しただけで涙が出そうだ。ロシアの作曲家であるチャイコフスキーがウクライナを思って作った「アンダンテ・カンタービレ」。それは、それは美しい音楽だった。この世はこんなにも美しいものに溢《あふ》れているのだ、人間はこんなにも美しいものを作り出すことができるのだ。武器の代わりに、楽器を持たせてくれれば良かったのにと心から思う。

新幹線の席に着き、私は涙でぐちゃぐちゃになったマスクを替えた。

終演後、佐渡さんは汗びっしょりでした

キラキラ瞳のTちゃん

先月10日間ほど、映画の撮影で佐渡島に滞在していた。まだ細かいことは書けないのだが、とにかく生まれて初めての佐渡島で、忘れられない美しい出逢《であ》いがあった。

6時過ぎると、通りは人っ子一人歩いていない。車も通らない。ポツンポツンと街灯にあかりが灯《とも》り、色とりどりの夏の花が誰にも見られることもなく咲いている。今の地方都市は、みんなこんなものなのだろうか。朝から夜までの撮影の日々。移動中車内から見える空と海は、どこまでもどこまでも青く美しい。

そんな島でIさんと知り合う。主婦であり、たい焼き屋さんでもあり、民宿もやって、本も出す。とにかく島のためにありとあらゆることをやる。図書館がなくなりそうと聞けば運動を起こし、古民家が壊されると聞けば「ちょっと待ってー。もったいない」と叫び、その利用方法を考

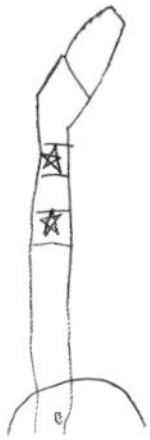

える。農業もこなす。島のためになるならと、今回の映画でも中心となって協力して下さった。

そんなIさんの娘さんは14歳。キラキラした瞳、真っ直《す》ぐでツヤツヤした黒い髪、ピンク色の頬、都会の子供のようにヒョロヒョロなんかしていない。パーンと全ての筋肉が張っている。そう生命力に溢《あふ》れているのだ。名前は、その名の通り強く鮮やかなお花の名前だった。仮にTちゃんとしよう。Tちゃんとは3日間ほどの短い時間の触れ合いだったが、私はすっかりファンになってしまった。

物おじせず自分の意見をはっきり言う。分からないことは、どうしてと聞く。

私が休憩時間にスマートフォンを見ていたら「暗い所で見ていたら、目悪くするよ」と注意してくれる。「Tちゃんは持たないの？」と聞くと、「依存したくないから」とはっきり答え、「将来の夢は？」とありきたりの質問をすると、「百姓になる」「どうして？」「お百姓は100の仕事をする人って先生が言ったよ。かっこいいよね。だから100の仕事するの」と、またまたキラキラした瞳で答える。

撮影を終え、東京に帰る日の朝。ホテルの玄関を出ると、小さな茂みの所にTちゃんが座っている。俯《うつむ》きながら何か一生懸命編んでいる。「Tちゃん！」。昨日サヨナラをしたばかりなのに、来てくれたんだ、それも朝の8時に。「はい！」。そう言うと、白詰草で編み上げた冠をそっと私に差し出し、髪に飾ってくれた。「ありがとう、本当にありがとう。忘れないよ、また会おうね。」フェリーの時間があるのでほんの2、3分話しただけだった。タクシーに乗り込み、Tちゃんを見る。彼女は私を見ずに、あちらの方を向きながら涙を拭いていた。

自宅に飾っています。ドライフラワーになればいいな

お肉屋さんが届ける幸せ

お肉屋さんは、いつも自転車でやって来る。御年《おんとし》80歳。今暮らしている地域に住み始めたのは20歳の頃だから、もう45年近いお付き合いになる。まだ母が若く（といっても50代だったが）買い物カゴをさげ、家から歩いて2、3分の所にあるそのお肉屋さんによく買い物に行っていた。

ご兄弟と親族でやっていらっしゃるそのお店は、いつもお客様で溢《あふ》れていた。ガラスケースの向こう側には、見分けがつかないほど似ている男性が三人。お母さまや、お嫁さんらしき方も。その後、引っ越しをして少し離れてしまったのだが、週に何度か家を訪ねてくれる、いわゆる御用聞きという形になった。「こんちは〜、肉屋です」。そう、あのサザエさんの世界だ。まだ元気だった母が対応し、断れず、今日使わない物まで買ってしまうことが何度もあった。そう、その気にさせてしまうパワーが、そのお肉屋さんにはあったのだ。そしてここがポイントなのだ

が、いつもおまけをしてくれるのだ。値段もそうなのだが、よくわからない駄菓子をくれたり、とうもろこしや、おせんべいやら。

先週のある夕方のこと。仕事でバラバラの帰宅になるという二人の子供のために、肉豆腐でも作っておけばいいかなと思い、早速電話で注文をする。「あー、大竹さん、はいはい、どうも毎度～」と元気な若奥様の声（代替わりしてはいます。何しろ45年なので）。そして、私は母と同じように、ついつい余計なものまで注文してしまう。お米をとぎ、枝豆を茹《ゆ》でながら、あー今日も一日が終わってしまうなあー。盛り上がりに欠ける一日だなあ。そんなことを思っていたら、ピンポン、ピンポ～ン。おー、インターホンまで元気がいい。「こんちは～、肉屋です」。おじさんはいつも色々なお話をなさる。息つく暇もなくおしゃべりになる。夕飯時で何か作っている時は、必ず火を止めてから出なくてはならない。

その日のテーマは、近所の高齢者について。「やー、みんな年取っちゃってね（おじさんも80歳）、でもね、楽しい話するとなんか元気になってくれるの。だから、楽しい話するの、あ、あとね、花。僕ね、花買うのが好きだからね、お花あげるの、そうするとね、とっても喜んでくれるの」「いいですね～、素敵ですね～」「じゃあね。お仕事頑張って～」。そう言って颯爽《さっそう》と自転車で去って行ったと思ったら、10分もしただろうか。またもや、ピンポン、ピンポ～ン。

玄関にお花を抱えたおじさんが立っていた。ひまわり、グラジオラス、そして小さな白いお花を一輪ずつ持って。いきなり幸せな一日になった（あっ、大事なことを忘れてた。とにかくとても美味《おい》しいお肉屋さんです）。

今日も元気に咲いてくれています

一体何が起こったのか

安心で安全であるはずの日本で、信じられないことが起こった。それも昼日中、大勢の人々が集い、彼の言葉を聞いているその時に。全国民に衝撃が走り、マスコミは新しい情報を摑《つか》むたびに興奮状態でそのニュースを伝える。何度も何度も繰り返される映像、銃声が響き、騒然としながら叫び、動き回る人々。そして、あってはならない結末を叩《たた》きつけられる。

『安倍元総理銃撃され死亡』。それでもテレビは繰り返し映像を流す。見ている私たちは分かっていながらそれを見る。この数時間後に彼が亡くなるということを。誰もがカメラを持っている時代、今度は視聴者提供という色々な角度からの映像が流れる。するとまるでみなが検察官になったかのように、「ここで、この人は何をしていたのか」などと推理と非難が始まる。

恐ろしい事件は多くの人間の神経をも、恐ろしくするものだ。容疑者は母親が加入した宗教団体によって人生をめちゃめちゃにされてしまったという41歳の男性だった。「テロ行為は許されるべきではない」と言っていた方もいたが、これは政治的な思想のもとに行われた犯行ではなさそうなので、テロとは言えない。投票日の2日前に起きたこともあり、多くの政治家が、「民主主義を破壊する行為である」と叫んでいたが、これも違うのではないかと私は思う。私怨《しえん》と言えばいいのか、ただの1人の身勝手な考えのもと、まだ67歳の安倍晋三さんという人間が殺されてしまったのだ。

まだまだやりたいこともおありになったであろう、この日本に対しての希望もお持ちになっていたであろう。それを突然理由も分からずに断ち切られてしまったのだから。これに対し、私は心からの弔意を表す。人間が死ぬということ、それも病気ではなく突然に命を絶たれるということは沢山《たくさん》の問題を残すことになる。まあ、ほとんどの人は答えを出せぬまま逝ってしまうけれど、安倍元総理にはまだまだ出さなくてはいけない答えが沢山あった。私たちはそれを知りたかったし、その意味で彼の言葉をもっともっと聴きたかった。

52%という、この状況でなおも低い投票率の日本を、これからどうしていけばいいのか。冷静に、これからの日本と世界との関係をきちんと考える時なのだと思う。感情的にならず、きちんと自分の意見が言える国、それこそが民主主義なのだ。

真っ白なシャツを着て、爽やかに微笑《ほほえ》む安倍元総理の写真がやけに虚《むな》しく見える。

41歳にしては少し幼く見える容疑者の男性が、なんだか今の日本の問題を物語っているように思うのは、私だけであろうか。

私たちの心を映すかのように今日も空はくもっている

65歳、幸せです！

7月17日、私は65歳の誕生日を迎えた。

この年になったことは信じ難く、緑色の封筒に入った介護保険の書類が届いた時には、思わず「嘘《うそ》だあ！」と叫んでしまったほどだ。もう前期高齢者の域に入ってしまったということか。ありえない、私が？ こんなに精力的に仕事をこなし、身体に衰えを感じたこともなく（まぁ、これは最近大して動いてないから、その自覚さえもないのかもしれないが）、やりたいことが山ほどあって、「これからが人生だ！」くらいに思っているのに、介護される時のための用意を始めなければならないなんて。そう言えば、年金の支給開始をいつにするかを決めた時もいやあな気持ちになったっけ。

10代から、とは言わないが30代？ いやそれも図々《ずうずう》しいか、40代？ いやいや50代から何一つ変わっていないつもりだったのに。年金、老後、

介護、終活などという言葉がやけに耳に入ってくる。みんなこうして、自分の年を受け入れ、ありがたく年金を受け取り、介護され、いい人生だったと振り返るようになるのだろうか。若さに固執するつもりはないが（いや、嘘だな。固執しちゃうな）、内面と実年齢の感覚がどうも合致しない。

そして迎えた誕生日。たまたま日曜日だったこともあり、30年来の友人家族（ママ友であり、子供たちも親友同士である、あのお寿司屋《すしや》さん一家です）がお祝いをしてくれることになった。事前にリサーチしてくれた、ご夫婦で営んでる小さなフレンチのお店は、雰囲気も可愛らしく、ご主人のお料理は素晴らしかった。サーブされる奥様も美しく、温かい。息子の友人も含め、8人全員でその一つ一つのお料理に、感嘆の声を上げる。美味《おい》しいね～、綺麗《きれい》だね～。それだけで本当に心から幸福を感じる。

必死になって子育てをし、私の方が助けられることが多かったが、友人とはお互いに助け合って生きてきた。いつもそばにいてくれた友と子供たちと、今年も一緒にまたお祝いをすることができた。それぞれの子供たちは、健康で仕事を持ち自立している。これ以上何を望むのか。65年も生きてきたからこそ味わえる幸福だ。支えてくれていた母は、天寿を全うし、今は写真の中で万歳をしている。それが時間というものなのだ。

娘からはサンダル、息子からは疲れの取れるパジャマを、バッグや帽子、椅子など一人ひとりから心のこもったプレゼントをいただいた。ありがとう、お母さん。私は元気です。そして今とても幸せです。レストランの綺麗な天井を見上げながら、私はそっと心の中で呟《つぶや》いた。「バンザーイ」。いつか母のように私も両手を大きく掲げよう。

美味しいケーキも友人が用意してくれました

久しぶりに、旅だ!

久しぶりに、何年ぶりになるだろう、海外旅行をすることになった。計画したのは5月で、行くころにはコロナも収束するだろうと思っていたが、そのうちに少しずつ感染者数が増え続けた。どうなるのかと少しの不安はあったが、次にまとまった休暇を取るのはかなり先になってしまうので、せっかくのチャンスを楽しむことにした。一緒に行くのは、いつも旅をしているちかちゃん親子。彼女は仕事柄いろいろな国を飛び回っている。ヨガのインストラクターとしてスタジオを持ち、インドやスリランカからドクターを招いてワークショップを開いたり、目まぐるしい活躍をしている。パワフルで、明るく、私たちは会えばいつもケラケラと笑っている。

息子さんも彼女と同じように本当に美しい心を持った22歳の青年である。私たちとちかちゃんの共通点、それは計画性のないことと、どうに

かなるさの精神で生きてきたということだ。

何カ月も前からホテルが決まっているのは珍しいことで、以前フランスの田舎を旅した時は、夜になってもホテルが決まらず、必死にネットを調べ、えーい、ここでいいか、と決めたホテルに向かった。ちかちゃんがレンタカーのハンドルを握り、私が隣でナビを見ながら道を指示する。真っ暗な曲がりくねった山道をぐるぐるとどこまでも登り続ける。外は真っ暗。流石《さすが》に少し不安になったが、なんとか目的地にたどり着いた。ご夫婦で経営している小さな一軒家風のホテルが、まるで、おとぎ話の中に迷いこんだように突然現れた。簡素なベッドにかけられたカバーがとても可愛いなと思った瞬間、安心感から倒れるように眠りに落ちた。翌朝、目覚めて小さな窓を開け、目の前に広がる景色を今も忘れることができない。これが自然というものなのだ！　これが緑という色なのだ！　目の前に立ちはだかる美しい山々は圧巻だった。これを見るために、今回旅をしたのかもしれない。これはやはり夢の中なのかもしれない。それ程までに美しかった。
そして、今回の旅の行く先はなんと、かの有名なリゾート地のモルディブだ。例によって出発直前の真夜中から荷造りを始めた私。水着は大丈夫か、一応女優をしているので日焼け止めと帽子だけ入れておこう。あとはTシャツとショートパンツ、いくつかの着替えがあればオッケーだ。そうそう、パスポート、パスポート。ちゃんとある。バッチリだ。終わったのは夜中の3時。4時間は寝られる。完璧だ！ のはずがないのが、私たちの旅である。

（つづく）

フランス旅行で。麓の村にはこんな美しい教会が

南の島で……ん？

前回からの続きです。

何年かぶりの海外、しかも行き先は誰もが行ってみたいリゾート地、初めて訪れる、モルディブだ。ワクワクしないはずがない。成田でのチェックインも至ってスムーズで、陰性証明もワクチン接種証明書も提示しなくてオッケー。さあ南の島へ、レッツゴーだぜ。

飛行機でもぐっすり眠れ、12時間以上のフライトの後でも全く我々は疲れ知らず。首都マレから船に乗って目的地の島へ。夜の7時を過ぎていたが、テンションはマックスだった。乗客は私たち三人だけ。夜なので見えないが、美しいであろう海の上を、水しぶきを上げて走り出すフェリーボート。「わあーー！」。私たちは嬉《うれ》しさで叫び出した。歌とも、雄叫《おたけ》びとも言えない声をあげ続け20分。いよいよ島に上陸だ。

太鼓を叩《たた》きながらの歓迎セレモニー、貝殻のレイをもらい（ハワイで

よくあるあれだ）、明日からの夢のような日々を想像するだけでにんまりとしてしまう。荷物と共にお部屋へ。まず私の部屋に三人で。ん？　これ……？　確かに広い。海が見える大きなベッドに、大きなお風呂。プールまでついている。だが……。夜だからだろうか、いや違う、一言で言えば、古い、そして暗い。もう一言言えば、なんだか臭い。

人に紹介されるままやって来た私たち。でも今のこの時代、色々調べたっていいだろう。それなのに、あーそれなのに。「オーセンキュー」とかなんとか言いながらも私の顔は引きつっている。

「日本人が来るのは久しぶりだから、グレードアップしておいたぜ」みたいな感じで嬉しそうにホテルの方が色々説明してくださる。その喜びに逆走するようにこっちはテンションが下がってくる。ここに6泊するのか。見るとちかちゃん親子も同じように感じているようだ。「じゃ、こ、今度は私たちの部屋へお願いします」。三人でまた移動する。少し小ぶりなその部屋は、なんとも言えない雰囲気で、ごちゃごちゃしていて、使いにくそうで、そしてまたまた暗い。そう、かもしだす雰囲気が暗いのだ。

私たちの気持ちを察したのかホテルの方が心配そうに尋ねてくる。「Ｇｏｏｄ?」。それに対してちかちゃんが言った言葉、「あのう、グレードアップしていただいたのは嬉しいんですが、普通の部屋を見せていただけますか?」。心の中で三人とも決心していた。無、無理だ。

（またまた次回に続く）

ここまでは良かった（乗り換えのコロンボで）

だから旅はやめられない

前回のコラムからだいぶ時間が経ってしまって私自身の記憶からも無くなってしまいそうなモルディブ旅行記〝その3〟です。テンション高く部屋に通された瞬間、その古さとカビ臭さに、一気に奈落の底に落ちた私たち三人。ここまでが前回。翌朝、もう出たいことをホテルの人に伝えると、よほどお客様がいなかったのだろう。「大統領が泊まったお部屋に入れてあげるから」とまで言われてしまった。うーん、でも大統領だろうがプレスリーだろうが、嫌なものは嫌なんだけどなあ。しかもきちんとお金を払っている。なんとか2日だけ宿泊し、今度は念入りに調べ、次のホテルを決めた（現地で調べる人がいるだろうか……）。「ありがとう、あなたたちのせいではないの」と訳の分からないお礼を言って空港に戻り、今度は飛行機で別の島へ向かう。「そうだよ、前は船で15分だったけど、今度は飛行機で30分も行くのだから、本当にすご

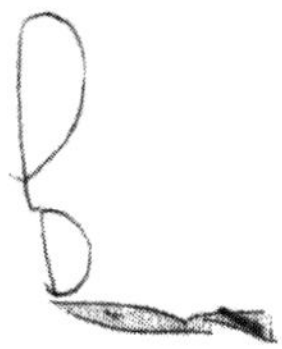

いところだね」。またまた期待度マックスに戻った単純な私たち。果たして……。真っ青な海に浮かんだ真っ白い建物が見えてきた。まだオープンして半年だという。ホテルの人が並んで満面の笑みで言ってくれる「ウェルカム」。前にも聞いたような気がするが、まあいいか。そしてお部屋は……、あー、調べていた美しい部屋がちゃんと目の前に。こうでなくっちゃ！

　ぐっすりと眠った翌朝の9時。ちかちゃんから電話が。「しのぶさん、私、今ベランダで転んでしまって、足が、足が……！」「えー!!」「この島には、病院がありません」とホテルの人。えー！　またまた船に乗り30分ほど離れた島へ。一体何回海を行ったり来たりするのだろうか。待機していた救急車で、やっと病院に。結果は、なんと骨折。足の小指だったのだが、とにかく動かさないでとギプスをはめられてしまった。でもこんなことでめげる私たちではない。まあ、できる範囲で楽しめばいいのさ。

次の日までは流石《さすが》に自粛したが、最終日はみんなで海にも入りなんとか楽しんだ。そしてチェックアウトしようとしたその時、支配人が現れ「部屋から海に向かう階段が濡《ぬ》れていたのはこちらの責任なので、食事、買い物、マッサージ等の代金はいただきません」。

ひえー！　これはラッキーと言っていいのだろうか。またまた、私たちは「ありがとう、あなたたちのせいではないのに」と言って、満面の笑みを浮かべ島を後にした。これだから旅はやめられない。

デコボコ3人組の珍道中でした

ライブ、します！

3年ぶりにライブをすることにした。することになったのではなく、自分自身の意志で開くことにしたという意味だ。つまり誰に頼まれたでもなく、することにした！　である。私は歌手ではない。女優の中にはヒット曲を出し、両立している方も沢山《たくさん》いるが、私にはそんなもの何もない。それにしては、なぜ紅白歌合戦に出たり、オリンピックで歌えたりしたのだろうか。日本中の方が謎に思っただろうが、私自身が一番謎に思っているから説明のしようがない。

実はこの約20年、3年に一度はコンサートを開いてきた。〝大竹しのぶ一人舞台〟〝大竹しのぶ　あいのうた〟〝大竹しのぶ歌っちゃう？〟〝大竹しのぶ　BuBu〟などなど……。まぁ、なんとも脈絡もないタイトルで、よく何年もやってこられたものだなと我ながら思う。

コンサートのためには当然十数曲は歌わなければならない。では何を歌うのか。でもそれが面白いほどに浮かんでくる。カラオケで得意な曲を歌いたいわけではなく、生きている、この今、表現したいことを歌う。歌の語源は訴えることと聞いたことがある。今歌いたいことを歌うのだ。中学生の頃、弁論大会で、自分の気持ちを訴えたいと純粋に思った時の気持ちに少し重なる。こんな悲しいことがあっていいのかな、みんな。人生って、なかなかいいもんだよ、みんな。この時代に共有したい思いを音楽に乗せて歌いたいということなのだ。もちろん芝居として表現する場面もある。一つの物語が数曲の歌によって綴《つづ》られていくシーンが、一本の芝居のようになればいいなと思っている。

　この1週間は、そのリハーサルに明け暮れていた。これが本当に楽しいのです！　1曲の歌をバンドの皆さんと話し合いながら音を仕上げていく作業がたまらないのです。プロフェッショナルな皆さんは、一瞬で私の言葉を理解して下さり、それを瞬時に音にする。私はそこに言葉を乗せる。音楽の力は偉大だ。遠慮がなく、分け隔てもない。一つの音に向かっていけば、昨日まで他人だった人が、まるで昔からの友達に変わってしまう威力を持つ。だから音楽はやめられない。

初めてミュージカルの稽古をした時もそう思った。役者同士の〝初めて〟はどこか探り合いや、遠慮があるが、音楽での稽古場は全く違った。稽古場はこうでなくちゃ。一つのものを作り出すという現場にいる幸せを毎日味わっています。この幸せが、客席にいらっしゃるお客様にも伝わるよう、最後まで楽しみながら頑張ります。

さて、どうなることやら。後ろはギターの遠山さんです

ケサラケサラ、歌は祈り

終わった。終わってしまった。先週も書いた、自分がやりたくて開いたライブ。とうとう終わってしまいました。制作の方に「この短い準備期間でやるのは、かなり稀《まれ》なことです」と言われたほど、急に決めたライブだった。でも、今この時を逃したら、少なくとも1年先までは絶対にできない。やろう！　今できることを、今やる！　のだ。

これは、毎晩のように父がよく言っていた言葉。押し入れから父が布団を出し、私と妹はその周りをキャッキャッ言いながら枕カバーを替えたり、シーツを敷いたりしてお手伝いした。家族七人の布団を敷きながら、幼い私たちに、父はよくいろいろな言葉を投げかけた。「嫌なことは嫌と言える人間になりなさい」「魂に皺《しわ》の寄らない若さをもつこと」「女の子は年を取っても、いつまでも可愛くなくてはね」。言い出したらキリがない。そして、その一つが「今できることはできるだけ、今やる

ことだよ」だった。
そう、私は歌いたかったんだ。私は叫びたかったんだ。誰かに、私の思いを音楽を通して知って欲しかったのかもしれない。別にヒット曲があるわけでもない私だが、まあ逆を言えば、歌いたい歌を歌えるわけだ。たとえば「このまま人を愛することがなく人生が終わってしまうのだろうか」と悩みを打ち明けてきた友人のために歌った、恋愛メドレー。芝居仕立ての歌にして、トークの部分では大いに笑ってもらって、歌に入るとまた芝居の中へ。
そして2月24日にロシア軍の侵攻が行われた今年、叫びたかった戦争に対する思い。「脱走兵」「朝日のあたる家」……、そして「一本の鉛筆」を歌った。〝あなたに聞いてもらいたい〟〝あなたに愛をおくりたい〟と歌いながら、私はのどのケアのために訪れた耳鼻咽喉《いんこう》科の先生の言葉を思い出した。「しのぶさん、歌は祈りですからね」。そう私は祈りたかったのだ。みんなと思いを共有し、音楽と共に祈りを捧げたかったのだ。だから私はこれからも、歌いたい歌を、歌い続けるだろう。皆と共に祈りを捧げるために、歌っていくだろう。またこの年になったからこそわかってきた人生についても。アンコールで歌ったのは「ケ・サラ」。〝ケサラケサラ　わたし達の人生は　涙とギター　道連れにして夢みていればいいのさ〟(訳詞＝岩谷時子)。なんて素敵な歌詞なんだろう。苦しいことや悲しいことはあるけれど夢を見ながら歩いてゆこう。そんなことがわかる年になった。

楽しい時間はあっという間でした

伝えたい、伝えよう

エリザベス女王の荘厳とも言える国葬。イギリスという国の歴史や文化、そこで暮らす人々が大事に守ってきたものや、女王に対する愛。全てにおいて美しかった。その何日か後に行われた我が国の元首相である安倍晋三氏の、やはり、国葬。

前日までも、そして勿論《もちろん》当日も、ご葬儀が行われた武道館の周辺や、国会の前でデモが繰り広げられ、反対の声が響き渡った。純粋に彼の死を悼む友人やご家族にしてみたらお辛《つら》かったと思うが、なぜ国費を使い、納得できないままに執り行われてしまったのか。比べられても致し方ないであろう。

そんな中、私は今月18日に幕が開く舞台「女の一生」の稽古の日々。明治・大正・昭和を生き抜いた布引けいという、杉村春子さんが947回演じてこられた役柄に再び挑戦する。2年前の初演ではコロナ禍でやむなく京都公演が中止になってしまった。そのリベンジである京都、そして再び東京、また今度は博多でも上演する。毎日毎日、けいの言葉を口にしながら、その人生を演じることが楽しくてたまらない日々だ。たまらなく、たまらなく楽しいのだ。

戦争で父を失い、母にも死なれたひとりぼっちのけい。16歳。貿易を営む二人の息子がいる家に引き取られ、必死に働き、もったいないほどの幸せを感じている20代のけいは「朝、目が覚めると、あー、この暮らしがほんとで良かったと思うんです」と言う。が、しかし～。その後、さまざまなことが起こる。たった数時間の間に40年間の人生が繰り広げられるのだから、やはり舞台は面白い。セリフひとつひとつが宝石のようにキラキラと光り、私たちの胸に響く。〝今、満足か〟と聞かれ、必死に生きてきた40代の彼女は、〝そんな風に考えたことがない〟と答える。戦争で何もかも失ってさえもなお、前を向いていく布引けいという人間をきちんと演じよう。過去も、未来への光も同時に見えるのが演劇なのだから。

エリザベス女王の国葬で、毎朝女王様の起床のために演奏していたバグパイプ奏者が、棺《ひつぎ》の中で永遠の眠りにつく彼女のために礼拝堂で最後の演奏をしながら、消えていく映像が流れた。彼の人生が、女王様のお人柄が、そして何百年も続く時間が見えた。悲しいけれど美しい瞬間だった。私もこの芝居を通して、人生は素晴らしいものなのだということを伝えたい。伝えよう。

いつも稽古場を出るのはいちばん最後です

今を喜び、生きていく

舞台「女の一生」の稽古を終え、次の仕事へ向かうため、再び気合を入れ直す。無事に終え、帰宅したのは22時少し前だった。息子は食器は洗っているが、なぜかお鍋とフライパンは洗っていない。なぜかと聞いたことがあるような、ないような。炊飯器を点検すると案の定、ほんの一かけら、そう、お仏壇のお供えほどのご飯がこびりついている。ラップに包み冷凍庫に入れるか冷蔵にするか悩んでいる自分がおかしくなってくる。

「あのくらいだったら食べて、炊飯器洗っておいてね」と、あー、何度言えばいいのか。「うん、分かった」。いつものように分かっているんだか分かってないんだか分からない返事が。洗い物をし、キッチン周りをきれいにする。とにかくホッと一息いれよう。知人が毎年作ってくださる美味《おい》しい栗の渋皮煮を頂こう。

　母の分のお茶もいれる。最後の一滴が一番美味しいと聞いたことがあるが、それはもちろん母の方のお茶碗《ちゃわん》にいれる。今日は自分のにいれてしまおうかなと一瞬迷ったが、やはり母の方にした。今日は父のお茶もいれよう。2人の写真の前に並んだ二つの湯呑《ゆの》み茶碗。少し私の心もほどけてくる。口の中で栗の甘さが優しく広がっていく。母も何度もこの栗を頂いていた。フォークで切りながら、小さな口の中にいれていた。「まあ、美味しいわねえ、なんて美味しいんでしょう」。一口ずつに感謝をしていた。

　目の前に座っていた母はいない。なんだか寂しいなと思うのか、今日も一日無事に終わって幸せだなと思うのか。全てのその感情を操っているのは自分自身なのだ。「誰が選んでくれたのでもない、自分で選んで歩きだした道ですもの」。毎日そんなセリフを言って、一人の女性の一生を生きているので、否《いや》が応《おう》でも人生を考える。20年後、私はどんな風になっているのだろうか？　私のそばには果たして誰かがいてくれているのだろうか？　そんなことをふと考えていたら、「ただいまあ」と娘の声が。さぁもうひと頑張りだ。10年後、20年後がどうなっているか？そんなことは知っちゃいないさ。今ここにある、愛すべき家族、友人、そして仕事を一日一日愛《いと》しいと思い、喜びながら生きていこう。いろいろなことが起こるだろうけれど、その度に乗り越えていこう。さあ、幕が開く。森本薫さんの素晴らしい一つ一つの言葉をお客様に届けていこう。

秋が来たことを毎年感じさせてくれます

いつだって、お母さんの手

18日、新橋演舞場で無事に「女の一生」の幕が開いた。2年前は幕間でのお喋《しゃべ》り、劇中での笑い声も全て禁止とされ、劇場はやや緊張感に包まれていた。その中でも来てくださったお客様に本当に心から感謝した日々だった。だが、今回は笑い声が劇場中に響き渡る。役者にとっては、嬉《うれ》しい瞬間である。

稽古場から劇場入りし、3日間ほど朝から晩までの舞台稽古が続き、やっと初日を迎えることができたけれど、「カンパーイ、明日からも頑張ろうね」などと言える場は、この2年半全く無くなっている。今回も楽屋間の行き来さえも止められているので、一言二言みんなと話しそれぞれの家路につく。

昼公演だったのでまだ外は明るい。さあ、では夕食の支度でもするかと思い、息子のために冷凍庫からお肉を取り出す。「ただいま」と声を

掛けようとしたが部屋の前には〝会議中〟のカードが。スープとチャーハンを作り、あとはお肉を焼くだけと思ったところ、ピンポーンとドアチャイムが。ん？　えっなに？　デリバリー？　その途端自分で言った言葉を思い出した。「今日から何日間かは夕飯作れないからよろしく」。と、息子が下りてくる。「なんだ、頼んじゃった」「あー、そっちがよかったな」「勿体無《もったいな》いから明日、それ食べる」

「初日、どうだった？」もなければ「おめでとう」もない。思えば、私はいつもこんなだった。子供たちは、私がどんな風に仕事をしているか想像もしないだろうし、台本を読み、ぶつぶつ言っている姿も見たことはない。キッチンを片付け、夜な夜なゴミ袋をまとめたりしている自分と、今日あのような温かい拍手をもらった自分との違いに、我ながらおかしくなる時もある。冬が近づき少し乾燥した手を見ながら、思い出した。まだ30代の頃、芝居で駆け落ちするお姫様と王子様を（そうお姫様です！）とある男優さんと演じた。カッコ良くて背が高くて優しくて、そんな彼と芝居中、長い時間手を繫《つな》いでいるシーンがあり、彼が一言。「しのぶちゃん、手は、お母さんの手なんだね」。ガーン！ ショックではあったが、なんだか今でも忘れられない、温かい言葉として私の中に残っている。

初日だろうが千秋楽だろうが、ご飯を作り、そっちのご飯を食べたかったと言ってくれる家族がいて、また明日も舞台に立つのです。今やっている働き者のけいちゃんにピッタリのお母さんの手で、明日も頑張ろうっと。

働くことが、何より喜びのけいちゃんです＝松竹株式会社提供

場所は変われど!?

私は一体、今どこにいるんだっけ？　そうそう、千年の都・京都に、もう一週間以上滞在していた。が、ホテルと劇場の往復の繰り返しで、お寺や、今流行《はや》りの素敵なカフェに行くこともなければ、お土産屋さんを覗《のぞ》くこともない。

楽屋から、鴨川にかかる橋を行き交う大勢の観光客を羨《うらや》ましく見ながら、衣装さんに帯をキリリと締められる。開演のベルが鳴り、3時間の舞台に今日も立つ。家事をする必要もないし、ドラマの撮影に行くこともないので、あとは自由時間のはずではあるが、2人以上での会食、大勢の場所へ行くことは避けなくてはいけないので、なかなか外出する気になれない。もし自分が感染してしまったら、公演中止という、とんでもないことが起こってしまうからだ。一体いつまで何度も検査をし、陰性を確認しなければならないのか、いい加減に、気が滅入《めい》ってくるのも

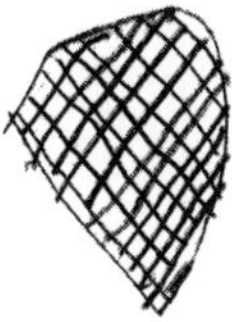

事実である。
それならばホテルの部屋で楽しめることを見つけ、充実した日々を送ろうと、来年のために必要な三味線やら、リモートでの英会話を毎日すればいいと思ってはいたのだが、実際の私ときたら……。一言で言えば、何もしていない。食事をし、なんとはなしにテレビをつけては消し、お風呂に入り、明日のために眠るという何もない毎日だ。
が、しかし、この「つまらないなあ」と思う時間は、劇場に行くことで発散できる。思えば、いつもそうだった。遠い昔、奈良岡朋子さんと一緒に芝居をし、いろいろな場所を回った時も、私たち2人はいつもホテルに残り、芝居の話をした。別の芝居でニューヨーク公演に行った時も、皆が出かけた自由の女神もその距離を考えると行く勇気が湧かなかった。見たい気持ちもあったがもし本番に支障が出たらと常に考えている自分がいる。
我ながらつまらんのうとは思うが仕方ない。だからこそ、劇場に入った時に、有り余ったエネルギーをここぞとばかりに芝居で発散する。が、待てよ。そんな風にしていたら、芝居以外全く何もできなくなってしまうではないか。いかん、いかん、せめてひとり、街でも散歩してみようと思いながらも、7時半には起きて、9時前には劇場に入り、11時には舞台に立っているのだから、無理だな……。

11月の終わりまで、京都にいようが、博多にいようが、身体の状態だけを考え、舞台の上だけで生きることにしよう。仕方ない、それが私の大きな喜びでもあるのだから。

劇場のそばを鴨川が流れています

そうだ、攻めなきゃ！

舞台「女の一生」が8日、無事に京都公演の千秋楽を迎えることができた。次は博多だ。京都から博多までの10日間、本当はゆっくりしたいところなのだが、全くそうはいかない日々を送っている。10月から始まった連続ドラマの撮影だったり、次の公演のポスター撮りだったり、ラジオ収録だったり、おまけに今週の土曜日はNHKの生放送で、滋賀県の比叡山から歌うというスペシャルな時間までもが待っている。

身体は大丈夫だろうか？　母から譲り受けた強靭《きょうじん》な体力と精神力で乗り越えようとは思っているが、やや忙しすぎるのではないだろうか。そんなことを思っていたある日、Kさんから電話が。Kさんは舞台のプロデューサーであり、数々の役者をマネジメントする事務所の社長でもある。次々に創《つく》り出す彼女の公演は必ずヒットし、古典や近代演劇であったり、そうかと思えば、若い20代の演出家や作家と組んだり。とにかく

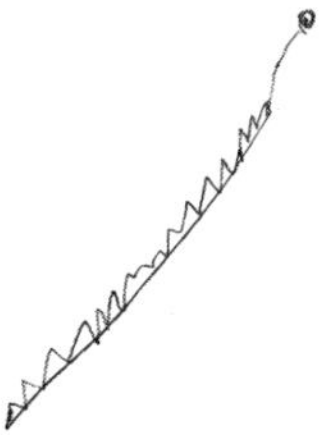

その振り幅の大きさにいつも驚かされる。
毎日のようにあらゆるジャンルの戯曲を読み、観劇をし、そして尚且《なおか》つ稽古場にも毎日いてくれる頼もしいプロデューサーである。一体いつ休んでいるのか、もしかしたらKさんは3人くらいいるのではと思うほどだ。久しぶりの電話は「女の一生」の感想だった。実はこの演目を勧めてくれたのもKさんで、井上ひさしさんとの出逢《であ》いを作ってくれたのも彼女だった。
役者というのは、いい仕事に出会えることも大きな幸運だ。思えばその道をいつも開いてくれていた。Kさんの話し方はエネルギーに溢《あふ》れている。早口で澱《よど》みなく言葉が出てきて、楽しくなってくる。一通りの感想を言ってくれた後「あっ、そうだ、しのぶちゃん絶対に観《み》てほしい舞台があるんだけどいつ時間ある?」。「えーと、今ちょっと忙しくて、ドラマがあったり、歌のお仕事もあったりで、ちょっとスケジュールを入れすぎたなあと反省しているんです」と言った瞬間、「はあー? いいじゃないの、どんどんやるべきなんです。どんどん芝居して、どんどん歌って、どんどん発信して、新しい人にも見てもらわなくちゃ。攻めるのよ！」。「ありがとうございます、頑張ります」。そうだ、やってやる。俄然《がぜん》ファイトが湧いてきた。そう答えた私に間髪をいれず、「じゃあ、明日のチケット取っておくね」。

唯一休める時間であったが、観《み》た舞台はやはり大変面白いものだった。ハイ！　10年先を行くKさんの背中を追って、攻めてゆきます。

帰ったらレモンが色付き始めていました

一緒に笑う幸せ

今、この原稿を書いているのは、舞台「女の一生」公演の最終地、博多へ向かう機内である。やや出発が遅れたためなのか、夕方の便のせいか、なんだかみんなの顔が疲れて見える。話し声は聞こえない。黙々とみんなが自分の席につく。そうかあ、コロナというやつは、マスクもしているし、他人が何を考えているのかを分からなくし、他人との関わりを阻止してしまうのか。荷物を持って大変そうなお年寄りに声をかけることさえ躊躇《ちゅうちょ》してしまうのが当たり前になってしまった世界は悲しいなあ。

そんな中、先週末、私は楽しい時間を持つことができた。ドラマの撮影が予定よりも早く終わり、家族ぐるみのお付き合いをしているお寿司《すし》屋《や》さんのSさん一家とお食事に。場所は近所のしゃぶしゃぶ屋さんだ。母とも、その一家のおばあちゃんとも数えきれないほど来ている。母が車椅子になり、私がトイレ介助へ。そして次はSさんのお母さんが車椅子に。「本当に順番なんだね」としみじみ二人で話したものだ。注文し過ぎのお料理をなんとか食べ終え、さあそれぞれの家へ帰るつもりだったのだが、「お茶飲みたいなあ」と私はぽつりとつぶやいた。「勿論《もちろん》、勿論、家においで」とSさん。

久しぶりのS家。定位置にそれぞれが座り、「さあ昔のビデオ見ようか」と誰かが言い出す。緊急事態宣言中に整理されたビデオを見るのが私たちの最近の楽しみになっていた。今日は16年前の伊豆旅行。子供たちが、海岸や民宿で楽しそうに笑ったり、ふざけたりしているのを見ながら私たちは約1時間ずっと笑いどおしだった。

携帯での動画とは違う面白さ、つまりビデオカメラを持ち、撮影をするという心構えみたいなものが感じられる。子供たちが撮ったものの、くだらなさに爆笑の連続だった。男性陣が釣りをしている側で娘たちは、餌のエビをアップにしたり、エビに寄ってくるアリを追いかけたり、銅像の前ではストーリーを作ってお芝居をしたり、1分たりともじっとはしていない。楽しもうとしている。生きるとはこうでなくっちゃね、と16年前の自分たちに教えられたような気がした。そして誰かと一緒に笑うことは、こんなにも幸せなのか。

さ、博多に到着。一言も言葉を交わさなかった隣の同年代のサラリーマンの方。挨拶《あいさつ》もなしでさよならか。関わらないことに慣れてしまっている自分に気付く。と思っていたら、「お荷物取れますか」と優しく声をかけて、ひょいとバッグを取って下さった。人を幸せにしてくれるのは、やっぱり人なのだ。

毎年欠かさずどこかへ。旅行へ行くのもいつも一緒でした

42回、完走しました！

舞台「女の一生」大千穐楽《だいせんしゅうらく》の幕が上がる。終戦の年の秋、何もかも無くなってしまった焼け跡で、主人公の布引けいが庭石に静かに座っている。そこへ、左翼活動で捕まっていた初恋の人、栄二が実家であっただろうその場所に十数年ぶりにやって来るという場面。

9月から稽古が始まり、東京、京都、博多と、みんなで頑張ってきた2カ月半。コロナの陽性者を出すことも無くなんとか、42回のステージを完走する日がとうとうやって来たのだ。開演1分前、いつものように、丁寧にやっていくのみと、私は庭石の上に座る。布引けいの背中や足の形を取り、ベルを待つ。と、その時だった。上手から、「ふう〜」と深く大きなため息が。客席までにも響いてしまうのではと思うほどの大きなため息。スタンバイをしている、相手役の高橋克実さんのものだった。

2年前の初演は、プレッシャーから7キロも痩せてしまったという克

実さんだったが、今回は、もっともっと極めたいという思いに溢れていた。積み重ねるということ、深まるということを克実さんから私は教えてもらった。楽屋では常にセリフを言い、それも大きな声で、みんなにも毎日聞こえていた（これは初演の時からだった）、袖に行く時も台本を持ち続け、自宅ではトイレにまで持ち込みながら芝居と向き合っていたと言う。始まる前に、「集中しろ、頑張れ、俺」とも言っていたそうだ。

「さあ、今日もやらなくては」という気合に満ちた大千穐楽でのため息。緊張と、役に向き合う喜びとも今日でお別れだ。私たち役者は、一つ一つのセリフを言う度に「あー、もうこのセリフを二度と言えないんだ」という感情をどこかへ押しやりながら、とにかく芝居は進んでいく。そして最終場。冒頭と同じ焼け跡のシーン。

「やあ、十何年ぶりでしょうな～」。そう言う克実さんの顔は滂沱《ぼうだ》の涙が溢れグチャグチャである（えー、克実さん早っ）。あとで聞くと、もう何が何だか分からないくらい感極まってしまったらしい。私は「落ち着いて、克実さん落ち着いて～」と心の中で必死にエールを送る。二人の気持ちが役の感情と混ざり合い、なんとも言えない感動のシーンになった。

幕が降りる。終わった。なんとか無事に42回完走することができた。食事も乾杯すらもできなかった私たち。劇場で、舞台の上だけで生き抜いてきた2カ月半が終わった。スタッフさんがサプライズで用意してくださった美しい金と銀の吹雪の中、私たちはお客様の熱い、温かい、そしてありがたい鳴り止《や》まない拍手を彼と同じ涙に溢れた顔で受け取った。

ありがとう。全ての人にありがとう＝松竹株式会社提供

母と息子の2カ月半

「俳優は、経験から想像して演技をするということが多いのですか？」と聞かれ、「経験もありますが、それだけではないと思います。例えば、子供に対しての愛情を母親になった者しか表現できないというわけではないですしね」と、私は答えていた。だが、今回は違っていた。10月から始まった連続ドラマで、息子が2歳の時に夫を癌《がん》で亡くし、一人で必死に育てた母親を演じた。膵臓《すいぞう》癌を患い、そう長くないと知った彼女が息子と語り合う回の台本をもらった時、私自身の〝あの時〟が蘇《よみがえ》ってきた。

25歳で結婚し、優しい夫の後をついてゆけば何にも怖いものはないと信じていたあの時。友人は「この家に来ると、ぽわ〜んと陽《ひ》だまりの中にいるみたいで眠くなっちゃう」と笑ったものだった。幸せだった私は、やはりドラマと同じように癌と闘う夫の姿を見、息子が2歳の時に、彼を送ることになる。一人でなんでも決断し、子供を育てた。書かれた台詞《せりふ》は、その時の自分とダブり、時折字が涙で霞《かす》んで見えた。が、演じるとなるとまた少し違う。あくまでもドラマの中の人物でなければならないのだから。

　息子役の吉沢亮さんとは初めての共演だった。ドラマが始まる前に顔合わせやリハーサルがあった昔とは違って、撮影当日に初めてセットに入る。ここが私の家。ここがキッチン。そして、話したこともない吉沢君と初めてセリフを交わす。ん？　なんだろう、この自然さは。その時ではなく、それまでの時間までをも感じることができた瞬間だった。お風呂に入っている息子に「洗濯物は？」と声をかける。もう何十年も繰り返されたような会話の心地よさを感じた。勿論《もちろん》、芝居が上手な役者さんであることは知っていたが、本当にそこに生きていることを感じさせてくれる人だった。初めてつくテーブルが、もう何年も使っている物に変わっていく。息子が連れて行ってくれた旅館で、自分の命の限りを知った母親と息子が語り合う9分間にわたる場面。どれほど貴方《あなた》のお父さんが素敵だったか。そして、どれほど私はあなたを愛しているか……。ポロポロと涙を流しながら話を聞く息子の顔を見ながら、私自身の頬《ほお》もとめどなく涙が伝う。たった2カ月半だけだったが、しっかりと母ちゃんを愛してくれた息子がそこにいた。そして息子を愛した私がいた。台本には書かれていない間《ま》、しぐさ、眼差《まなざ》しで私たちはそれを感じ合った。

愛《いと》しいと思う気持ちってすごいなあ。悲しく辛《つら》いことであっても、想《おも》う気持ちは幸せであることを教えてくれる。美しい時間だった。そう、経験以上の。

月9ドラマ「PICU」での食卓のシーンです＝フジテレビ提供

今年最後に願うこと

なかなか眠りにつけない。何度も寝返りを打ちながら、ふと見るとカーテン越しに光が部屋に差し込んできた。「あー、とうとう寝られなかったのか」。今日の仕事を考え、どうしようとまた無駄に寝返りを打ってみる。と、ベランダに人の気配が。恐る恐る窓を開けると、母が洗濯物を干していた。「お母さん、どうしたの？　まだ朝の6時だよ。いくらなんでも早すぎるでしょ？」。母は嬉《うれ》しそうに「だって、こんなお天気がいい日は勿体無《もったいな》いでしょ」と、幸せそうに生き生きと答える。そして、なぜか小さな紫のグラスを私に見せ「まあ、なんて綺麗《きれい》なんでしょう」と笑っている。（これは夢かもしれないなあ）、私は少しだけそれに気づく。が、まだ夢は途切れず、母との会話は続いてくれる。

あー、お母さんに会えた！　と、思った瞬間目が覚めた。夢の中での母との触れ合いのせいか、ぐっすり眠れたせいか、なんだかとっても元

気な自分がいる。ここのところハードなスケジュールだったので、パッパッになりそうな私に声をかけてくれたのかもしれない。
　今日のこのコラムが、今年最後の回です。1年を振り返り、書きたいことは沢山《たくさん》あるのだが……。今年は3本の舞台をやり遂げ、連続ドラマもやり、ライブも開き、本当に充実した1年だった。だが日本は、世界は、この地球はと考える。ロシアのウクライナ侵攻に始まり、安倍元総理が銃撃され亡くなり、反対の中での国葬が行われ、なんの説明もないまま防衛費が増額され、税金が上がる動きに。何もかもが値上がりし、国民の生活は苦しくなるばかりだ。3年間、人の表情をきちんと見ることもできずに子供たちは育ってきた。
　そんな中でも、私自身はと言えば、幸せな1年だったと言えるだろう。戦争を放棄している日本に住み、65歳になっても、96歳で天寿を全うした母を恋しく思える日常があるからだ。戦場へ行った息子と、引き裂かれた母はどれほどお互いに恋しく思うのだろう。今、平和であるはずの日本だが、何かを感じ、考えずにはいられない時代になっている。年をとり少しずつ分からないことができないことが増えても、毎朝新聞だけは読んでいた母、自分の意見をきちんと言っていた母を思い出す。引き出しにしまってある母が書いた言葉。デイケアでの国語の時間でよんだ俳句だ。「お正月、いくつになっても　たのしいなあ」。子供のような言葉が、なぜか今は心に響く。そうなのだ、幾つになっても人生は楽しいものだと思って生きていける世界になってほしい。そんなことを最後に願いを込めて書きました。

来年もどうぞよろしくお願いします。

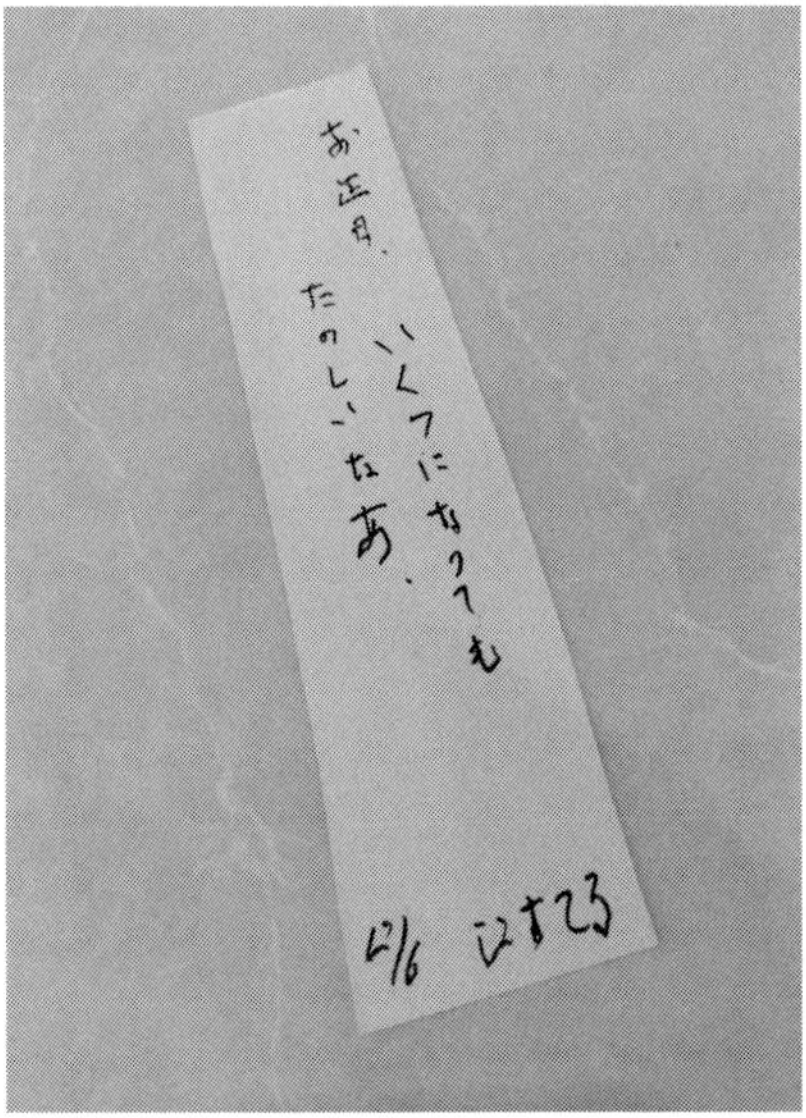

幸せな1年が始まりますように

Hさんとの優しい時間

暮れの30日、背中に大きなリュックを背負い、紙袋を二つもさげて、その女性はやって来た。数年前まで週に一度、我が家にお食事やら母のお世話をしに来てくださっていたHさん。今年75歳になる。

うちを辞めてからも毎年暮れになると、煮物やなます、白菜の漬物など美味《おい》しい自家製のあれやこれやを届けてくださる。Hさんのちりめん雑魚《じゃこ》の山椒和《さんしょあ》えは、おにぎりにすると絶品だし、煮物も、お醤油《しょうゆ》や里芋を取り寄せて作られるので、他とは訳が違う。

「あー、今年もなんとか迷わずに来られました」。子供のように笑いながら、テーブルの上に食べ物を並べ一通りの説明をしてくださる。私は一つ一つ味見をする。押し迫った年の瀬に、緩やかな優しい時間が流れていく。

お茶を飲みながらHさんが母のことを話し始めた。「私はね、しのぶ

さん、お母さんが私の誕生日に書いてくださったお手紙、枕の下に入れているんですよ。大事な大事な宝物なんです」「お母さんに出会えて、私は心からありがとうと思う気持ちを教えてもらったんです。私が通っている時お母さん、こうして頭を下げて、いつも見送ってくださったでしょ。ありがとうって言って。あれを見習いたいといつも思ってるんです」と。

当時、彼女が帰る時間になると、立ち上がるのも難しかった母は椅子に座り、膝《ひざ》の上に手を合わせ「今日も美味しいものを作ってくださってありがとうございました」と、ゆっくり頭を下げる。Hさんはひざをつき、母の耳元に近づき大きな声で「お母さん、今日もありがとうございました」。二人は手を取り合い、握手を交わす。またすぐに会えるのに今生の別れのように、さよならの握手を交わす。

「あんな風に心を込めて毎回毎回ありがとうと言ってくださったこと、忘れられないんです。なかなか真似《まね》しようと思うけれど、真似できなくて」

彼女自身、母のようにいろいろな苦労を抱えながら、年を重ねてきた。いつも穏やかで、人のことを思って生きているそのHさんが母の手紙をまだ持っていてくださるなんて。そして母を思い、私の身体を気遣い訪ねて来てくださる。母の強さと優しさと細やかさが知らないところで今も息づいている。

Hさんがくださった干し大根、ゆっくりとだし汁で煮てみる。お日様の光をたっぷりと吸ったそれは、私の体をじんわりと温め、エネルギーとなっていくのを感じる。

さあ、今年も頑張りますよ、お母さん！　Hさん、ありがとう！

本年もどうぞ宜しくお願いします

はい、変わります！

何年振《ぶ》りだろう。お正月、久し振りに親戚たちが一堂に会した。私たち四姉妹と兄。その子供たち、そしてまたその子供たち。下は幼稚園児から上は大学生までが15人。母から見れば孫10人、ひ孫10人だ。大人も合わせて30人以上になる。

何日も前から姉たちと買い物の相談をし、簡単に済ませようとしてはみたのだが、何しろ大人数なので、ピザを焼くのも1回や2回では終わらない。春巻きや串カツを揚げている姉はもう1時間近く、コンロの前に立っている。紙コップや紙皿を買い忘れたので、次から次に洗い物の食器。気が遠くなりそうになり、次に出す料理の手順を考えて、カオス状態のリビングルームの声も心なしか、遠ざかって聞こえる。何なんだあ、この状況は〜。と思いながら時々テーブルで何かをつまむ。15人の子供たちの顔は久しぶりなので名前と顔が一致しない。まあいいか、み

んななんだか楽しそうだぜ。お酒を飲んでもいないのにぼーっとしてきた。そして兎《と》にも角《かく》にも男どもは盛り上がっている。義兄、甥《おい》っ子、そして婿ども。大騒ぎだ。

37歳になっても彼女のいない我が息子に誰かを紹介しろと、義兄が騒いでいる。2回目の食洗機を回し始めた時だ。その前から娘が少しイライラしているような気はしていた。「お母さんたち座って、とにかく一回はみんな座ろうよ」と訴えている。聞こえてはいたが、椅子は足りないし、お漬物でも切ろうとしていたので聞き流してしまった。10分後、今度は少し怒りに満ちた声で「座って。おかしいでしょ、この状況、何でみんなでやらないの、メンズはなぜずーっと座って、女性だけが働いてるの。そんなのダメだよ。この状況を見て子供たちが大きくなって同じことを繰り返すんだよ。ダメでしょ、それは」。なるほど、確かにその通りだ。

私たち姉妹はまるで先生に叱られた生徒のように、テーブルにつき、もうあまり残っていないしゃぶしゃぶの野菜を食べてみたりする。が、あっ、このスープで麺を食べたら美味《おい》しいから麺を茹《ゆ》でようと、私は娘の意に反して再びキッチンへ。男性陣はまるで何事もなかったかのように再び、ドカーンと盛り上がっている。が、娘の一言は確かに一石を投じていた。姉はしみじみと「私たちが変わらなくちゃね」と言い、その日の夜中までの片付けは、息子が最後まで手伝ってくれた。

お正月、いつまでも割烹着《かっぽうぎ》を脱がない母に私もこう言っていたことを思い出す。「お母さん、とにかく座って」。大変だけど、みんなの喜ぶ顔を見る幸せもあるのは確かだ。だが、娘の言う通り、少しずつ変わっていこう。

4年振りに会えた子供たち。大きくなったね

美しき仕事人たち

「気をつけてくださいい。滑りますから」。若い女の子のスタッフさんが照らす小さなライトを頼りに、私は山道を下りてゆく。防寒のために羽織っている毛布で両手は塞がっている。しかも衣装は着物だ。一歩一歩注意しながら急な山道を下りてゆく。と同時に、この道を機材を運びながら下りていったスタッフさんの苦労を思う。しばらく下りていくと既にライティングされている撮影場所が見えてきた。とその向こうに、美しい湖がいきなり広がった。照明に照らされた湖面に映る木々がまるで夢の世界のようだ。「きれい」。寒さでガタガタと震えそうになりながら吐息とともに呟《つぶや》いた。

4月に放送されるNHKドラマ「犬神家の一族」の夜間ロケ、何日も前から、湖畔の撮影はかなり寒いと覚悟はしていたが、想像以上だった。こんな美しい空気や、そして瞬く（そう、瞬くと言う言葉がぴったり

の）星々を見られるのだから我慢できると思っていたのも束《つか》の間、足元から身体はしんしんと冷えてくる。衣装さんが何枚も貼ってくれたカイロの効き目は一向に感じられない。役者は時々、数分ではあるがストーブのあるテントで暖を取れる。が、スタッフさんは立ちっぱなしで動きっぱなしだ。それでもみんなイキイキと仕事をしている。時折、笑い声さえ起こる。一瞬、不思議な気がした。何だろう、何でこんなにしんどいのに、朝の6時から深夜まで動き続け、昼も夜もお弁当なのに。カメラマン助手の女の子は「私の身体の半分以上はお弁当でできてます」って笑っていたっけ。美しいな。この仕事が好きだからやっていけるんだな。こんなに頑張っているみんなに褒めてもらえるよう、私はいい芝居をするだけだ。そう、まるでデビューしたての17歳の気持ちになる。

　前にも書いた話ではあるが、17歳の私は、ある喫茶店で悲しい別れの場面を撮っていた。目の前に置かれたソーダ水と、その中に浮かんでいる真っ赤なチェリーを見ていたら、涙が止まらなくなった。ソーダ水のツンとした甘さが悲しく口の中で広がった。私は撮影終了後、小道具部屋に直行し、スタッフさんにお礼を言った。彼は嬉《うれ》しそうに、「あー、よかった。俺もあの時、織江ちゃん（役名）は何を飲むかずっと考えたんだ。そうだソーダ水にしようって、昨日の夜やっと決めたの」。よかった、よかった、私たちは手を取り合って喜んだ。あの時のように私は今日もスタッフさんの思いに応えられるよう、カメラの前に立っている。それぞれがそれぞれの仕事を必死にやっている現場は、あの湖に負けないくらい美しかった。

この美しい風景を胸に、明日も頑張ります

寒さに震えながら想うこと

まだ夜が明けぬうちに目覚め、真っ暗な山道を1時間ほど車に揺られる。車中から何度朝焼けを見ただろうか。雪がちらつく朝もあった。撮影場所に着いて、衣装さんから肌着に付けてもらったカイロも、外に立つとなかなか暖かさを発揮してくれない。そんな撮影を先日全て終え、岡山から東京に戻ってきた。

3週間、極寒（ややオーバーな言い方だ）の中での撮影から解放された。初日は緊張して一言も喋《しゃべ》れなかった若い男優さんから、「終わってしまうのが寂しくて、センチメンタルな気持ちになって写真を見たりしています」とLINEが送られてきた。短い時間でもしっかりと繋《つな》がった仲間との別れに寂しさはつきものだ。

寒空の中、カットの声がかかると、震えている私たちにスタッフの方はいつもサッと毛布を手に駆け寄り、冷たい体を包んでくれた。その都

度、私はウクライナの人々を想《おも》う。きっと、もっともっと寒いんだろうな。毛布をかけてくれる人なんていないし、寒さと恐怖の中にいるんだろうな。いつ終わるか分からないこの状況の中で、一体どこまで耐えろと言うのか。間もなく一年になる。久しぶりに帰った我が家での夕食時、息子と話す。「いつになったら終わるのかな」と、またこの話題だ。

世界各国から武器の支援が続くが、それはただ自国を守る武器であって、ウクライナは、ロシアに攻め込むことはできない。そうなると他の国を巻き込んで、もっと大きな戦争になるからだろう。国連の不甲斐《ふがい》ない存在。矛盾に溢《あふ》れ、そのために一番大事な人間の命が奪われるなんて、おかしすぎるでしょ。そう私が言うと「自分の国がなくならないために戦っているんでしょ。それに、ここで終わったら何のために犠牲になったのかと思う人もいるだろうし」「でも、とにかく戦争なんておかしいのに。どうして誰も止められないの？」。私は少し感情的になり、「人としての、正義はどこにあるの？」。「正義のための戦争なんて、今まで一回もなかったでしょ」と息子。二人で、ふぅとため息をついた。

そして、日本。防衛費の増大が知らないうちに決まり、国会では、岸田首相のご長男が買ったネクタイについて熱く討論している。これは公用ですか？　いやそもそも土産文化を廃止しよう……などなど。訳が分からないことばかりだ。寒さに震えながら待っていた時間、いつも想ったウクライナの人々。そして今もなお続く戦禍の中の人々。

水曜日の私のラジオ番組「スピーカーズコーナー」で流れた〝戦争を知らない子供たち〟が作られたのは半世紀前だった。戦争を知らない子供たちで溢れる世界は、一体いつくるのだろうか。

ホテルの窓から見た朝焼けです

絶対的な愛を知る

息子がこの1月で38歳になりました。つまり、私が母親になって、それだけの年月が流れたことになる。

出産して家に戻り、おっぱいを飲ませ、慣れない手つきでベビーベッドに寝かせる。口をほんの少し開けて笑ってるような幸せそうな寝顔を見ながら、私はこの世に〝絶対的な愛〟があることを知った。何が起ころうと、どんな敵が現れようと、この子を守れる者は私であるということ、世界中の誰よりもこの子を愛しているのは私であるという自信が身体中に満ち溢《あふ》れているのを感じた。夫への愛とはまた違う、何があっても揺るがない、そう、絶対的な愛だ。

夫は彼が2歳の時に亡くなった。側《そば》にいて育てられたのではないのに、穏やかな話し方、争いを好まず、冷静に物事を考えようとする思考、何かを飲む時に一瞬口に含ませてから喉《のど》を通すこと、数え上げたらキリが

ないほど、似ている父と息子になった。
　前にも書いたことだが、彼が小学生の頃、夜公演を終え11時頃私が帰宅すると、リビングで、妹である娘がわんわんと泣いている。息子は、我関せずといった感じでゲームをしていた。訳を聞くと娘は大きな声で「こんな家、やだ。お母さんはお仕事ばっかりで、おばあちゃん耳遠いし、夜なんて嫌いだ。お風呂入って寝るだけなんてつまんない」。私は悲しくなって返す言葉を無くしてしまった。
　すると息子は「いまるちゃん、夜ってそういうものでしょ」。「え？お兄ちゃんはこの家に生まれて嫌じゃないの？」「人と違うって幸せなことだよ」。すると娘はまた「わぁ～ん」と泣き始めた。「お兄ちゃん、えらい。だってお父さん死んじゃってるし、何回も名字変わってるのに、幸せってえらい！」。息子は、ふふと笑っただけだった。
　4年前、母が亡くなった時は公演中の私に代わって、通夜、葬儀を仕切ってくれた。祖母の死を数年前から覚悟していたと言う息子は冷静ではあったが、葬儀の後半、私が席を離れた瞬間号泣したという。その姿を見て私も号泣しちゃったと娘が教えてくれた。私は、こんな2人に支えられて、母親業をなんとかやってこられたのかもしれない。

まだ彼女もできず同居する38歳の息子に今、望むこと。誰かを目いっぱい愛して欲しい。そして誰かに目いっぱい愛されて欲しい。そう、あのベビーベッドに眠っているあなたを見つめる27歳の頃の私のように。

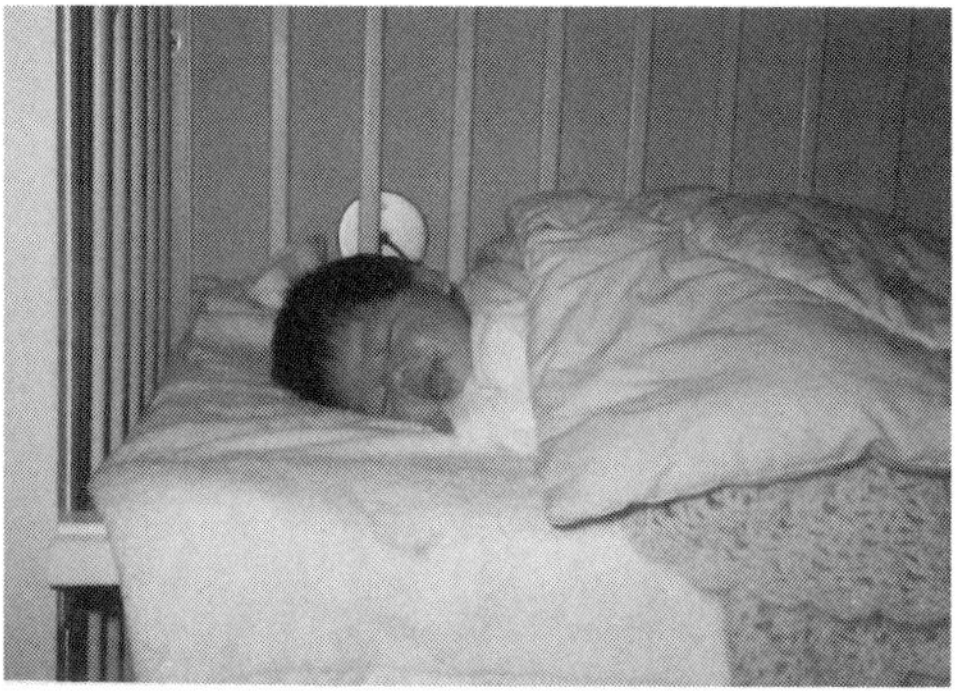

生後1カ月頃。すやすやと眠っています

頼んだらスゴ技だった！

今週もバタバタと忙しかった。4月に幕が開くミュージカル「GYPSY《ジプシー》」の歌稽古が始まり、別の舞台の打ち合わせ。そして、ポスター撮り、CM撮影など、毎日頑張ることだらけであった。夜のちょっとした時間は、友人に強く勧められた韓国ドラマの続きも気になるから、それも観《み》なくてはならない……。あー、忙しや、忙しや。

その上、絶対的にやらなくてはならないのが家事である。番組でご一緒の野々村友紀子さんの著書「夫が知らない家事リスト」ではないけれど数え上げたらキリがない。まあいいかと無視できることもあるが、絶対的にやらなくてはならないのがゴミ出しである。

我が家の資源ゴミ回収が月曜日の朝なので、日曜日の夜はキッチンの片隅で、新聞、ビン、缶類を分ける。大変なのが段ボールをまとめることで、頂き物やお水、私含め三人分の宅配便の段ボールは結構な量にな

る。ビニールの紐《ひも》で括《くく》り、まとめたつもりで駐車場まで持って行くとバラバラと崩れ落ちてしまう。今週はやけに量が多い段ボールを見ながら憂鬱《ゆううつ》にさえなってきた。
　待てよ、なぜ私ばかりやらなくてはいけないのか。一家の家事を担っている主婦ではあるが、別に息子がやってもいいことではないか。食事の終わった後、思い切って（思い切る必要もないのだが）少しきつめの口調で（これもそんな必要はない）「ねえ、たまには段ボールまとめるのやってくれない？」と頼んでみた。「わかった」。息子は頼めば嫌とは言わない。
　さまざまな大きさの段ボールが十五枚ほどバラバラと重なっている。ビニール紐とハサミをそばに置き、これ使ってねと言うと、ガサガサとやっているかと思ったら、なんと1分も掛からないうちに手品のようにまとめてしまった。大きな段ボールに全て見事に入っている。しかも崩れない。感動して「何々、何がどうなっているの？」と聞いた。すると

「一番大きな箱の底を内側に折ってたたむとポケットが二つ出来るでしょ。そこに入れていけば、全く落ちないという仕組みさ」と説明してくれる。「前になんか面白そうだったから、動画で見たことがあって……」。

ひえ〜、それならなぜすぐやってくれなかったんか〜い。そこに虚《むな》しく置いてあったビニール紐とハサミを私は笑いながら片付けた。よし、来週からは楽になるぞー。

畳んで勝手口に置くまでは、各自でやります

泣いた笑った桃の花

久しぶりに姉妹4人が集まった。皆、都内に住居を構え、幸いにも近距離に住んでいる。とは言え、なかなか4人のスケジュールを合わせるのは難しく（大概は私のスケジュールだが）、お正月以来の再会になった。私は稽古の帰りにスーパーに寄り、簡単なお鍋の材料と大きな桃の枝を4本買った。買ってきてくれることになっているお刺し身やら、多少のおかずと、この桃の花があれば賑《にぎ》やかな食卓になるだろう。

夕方少し前、荷物を抱えて3人がやってきた。「まぁ可愛いわね〜」と桃の花を見て喜んでくれる。そして絶対に、皆それぞれが持ってくる様々なお菓子で、まずはティーパーティーだ。話は尽きない。

3人共もう孫もいて、落ち着いた生活をしていると言えるだろう。去年仕事をリタイアしたすぐ上の姉が昔の写真が出てきたと皆に持ってきてくれて盛り上がる。みんな若い！　私はその笑い声を聞きながら、お

米を研ぐ。ふと考えたらもう60年以上、一緒にいるんだなぁ……。経済的には苦しかったけれど、父と母からは沢山《たくさん》のことを教えてもらい育ててもらった。子どもの頃日曜日には4人でよく2部合唱をしたっけ。喧《けん》嘩《か》もしたし、泣いたりしたことも。結婚し、親族も増え、その時々の悩みを相談しながら、助け合って生きてきた。母の介護の問題にしても私一人では抱えきれなかったが、4人だから乗り越えられた。お鍋をつつき合い、息子も交え、話が弾む。政治の話をしたかと思ったら、ドラマの話に飛んだりと忙しい。ん〜、まだあまり味が出来ていないなぁと思いながら、今年からまた作り始めた糠漬けの大根やらきゅうりやらを私は出してみた。「あら、まだやっているの？　忙しいのに偉いわね。うん、とっても美味《おい》しいわ」と、皆、きちんとまずは褒めてくれる。これが私たち姉妹の優しさだ。「ありがとう」と言いながら今度はもっと美味しく漬けて喜んでもらおうと、私は密《ひそ》かに決意する。

数日後に控えた妹の誕生日。私はバースデーケーキをサプライズで用意していた。すると一番上の姉も全く同じいちごのケーキを。思いがけない二つのケーキを前にみんなでキャンドルの火を灯《とも》し「ハッピーバースデー、トゥユー」と歌う。妹が突然涙ぐみ、「お母さんがいてくれたら喜ぶね」。私たちも「うん、そうだね」と泣きそうになる。

お母さん、私たちは元気です。仲良く暮らしています。ありがとう。4本の桃の枝。明日は花を咲かせてくれるだろう。

次の日、ぽつぽつと蕾が開き始めました

私はローズ。私を見て

4月に幕が開くミュージカル「GYPSY」。先月から音楽監督、歌唱指導の先生と歌の稽古は始めていたが、いよいよイギリスから演出家のクリストファー・ラスコムさんが来日され本格的な稽古が始まった。

ミュージカル。そう、オーケストラの生演奏で、歌で芝居をする、あのミュージカルだ。しかも、私はその主役をやってしまうのだ。一番出番も多く、というより出ずっぱりで、ナンバーも(ちょっと気取った言い方ですが)つまりソロ曲も一番多い。

一体、私に出来るのだろうか。と、思うのが普通だが出演依頼があった時、何の躊躇《ちゅうちょ》もなく、「やりたい、やりたい、やりたいです」と返事をした無謀な私。いつもこうだ、なぜこうなる。なぜ、己を知らぬのか。考えてみたら本格的なミュージカルは、2018年にやった「リトル・ナイト・ミュージック」以来だから、実に5年ぶりとなる。

二人の娘を持つシングルマザーが、娘をスターにするために逞《たくま》しく生きる物語。バイタリティーあふれるローズ（私の役名です）はユーモアもあり、魅力的な人物なので、演じるのはとてつもなく楽しい。そして何よりも音楽が素晴らしい。１９２０年代のアメリカの華やかで、明るい音楽は聴いていて本当にワクワクします。初演以来、名だたる女優さんがやってきたこのローズ。映像で観《み》ても、全て魅力的でため息が出てしまう。

　で、肝心の私といえば……。気持ちは十分あるのに。イメージはもう完全に出来ているのに歌が難しく、出来ない苦しみを日々味わっている。稽古場での音を聞き返してみると、まるで、何も出来ない10代の新人の女の子のように、先生方に「はい。はい！」「はい、わかりました」「はい！　頑張ります」。そんな言葉の繰り返し。が、１カ月も続くと少しずつ進歩していく喜びも味わっている。出なかった音がいつの間にか出るようになったり、リズムが自分のものになってきたり、昨日とは違う自分に出逢える喜びを知る。出来ない自分との闘いの日々ではあるが、とにかくこの芝居に、この音楽の中に浸れる喜びで、私は毎日稽古場でスキップして叫びたくなるくらい幸せな気持ちになる。ラストシーン、自分が望んでいたものは何だったのかを気づき、ローズは歌う。「これが私なの。私を見て」。思い切りそう言えるように、明日も頑張ります。

久しぶりのミュージカルの稽古。毎日が幸せです

大変な時こそ、ファイト！

4月9日に幕が開くミュージカル「GYPSY」の稽古の日々。ミュージカルなどという慣れないものに挑戦して、大変ではあるが楽しい日々ということは先週も書いた。歌ったり、踊ったり、出ずっぱりで覚えることも山積みだ。そんな中、一番気を付けていることは、体調管理であることは、言うまでもない。

稽古だけではなく、宣伝のためのテレビ出演があったり、レギュラーの番組があったりで、ここ最近ゆっくりした休みも取れていない日々。世間が大騒ぎしているWBCも夜のニュースでチラッと見るだけで、急いで最低限の家事を済ませ眠る準備をする。

一体、私は子育てをしながらどうやって仕事をしてきたんだろう？と考え、ふと思い出したことがあった。

初めてのシェークスピア「マクベス」の稽古開始の前日、まだ息子が

高校生だった頃のことだ。友達4、5人が我が家に遊びにきていた。とりあえずおやつを出し最近の話を聞いたりする。でも頭の中にはシェークスピアがよぎる。そのうち、リビングで何やらテレビゲームをしながら、わぁーわぁーと騒ぎ始めた。私は、明日からレディマクベスなのに。蜷川幸雄さんなのに。バンクォーやら、マクダフやら、復讐《ふくしゅう》やら、王位継承権やら……。使ったことも聞いたこともない言葉も覚えなければならない。リビングからは「わー、やめろ、そっちダメー」「違う違う、そこだ」。もう叫び声に近い。盛り上がっとるのう。ど、どうしよう、この騒音の中で台本を読めというのか。

残された時間はあと30分、夕飯の支度をしなければならない。カレーでいいかあ。でもマクベスが……。集中、集中だ。あと30分ある。私は自分に言い聞かせ、台本片手にベッドに潜って布団をかぶってみる。心なしか、わーきゃーが遠ざかったような気がしないでもない。でもそんな自分がおかしくなり、吹き出しそうになった。

結局、皆が寝静まった後に台本を開き、無事に覚えられた。あの頃に比べたら、今の方がずっと楽だ。休みがないことくらい全くもって大丈夫だ。こんなに楽しい仕事をして、稽古場での時間はあっという間にすぎるのだから。

「大変な時こそ身体の中から、やるぞーって力を出すものなのよ」。母がまだ元気な頃、夕食の時に大好きな日本酒を飲みながら言っていた言葉を思い出す。気持ち良さそうにほんのり顔を赤らめながらよく言っていたなあ。

はい、頑張りますよ、ファイトですよね、やるぞー！

机の上も整理する時間が……

新聞記者とショータイム

観《み》てしまった。やはり観てしまった。14年ぶりのWBC世界一に輝いた侍ジャパン。日頃から野球に興味を持っているわけでもないし、ナイターシーズンを待ちわびるということもない私でも、やはりこれは観てしまう。連日の舞台の稽古で家に着くのは夜9時を回ることも多い。つまり、結果は分かっていながら、今日の試合をドキドキしながらニュースで観るという毎日だった。芝居で覚えることや確認事項も山積みだし、ついでに洗濯も山積みだし、声のためには早く寝なくてはいけないし、でもこれを観ずにいらりょうか。

舞台がアメリカに移ってからは、リアルタイムで朝からテレビの前に釘付けだ。あー、もう行かなくては。そして夜、帰宅しニュースを観る。準決勝メキシコ戦。もうダメだとなってからの逆転。それも今まで全く打てなかった村上選手の逆転二塁打で。分かっていながら、一人リビン

グで叫ぶ。
そして22日の決勝戦。稽古前の取材のために家を出る。移動中の車でテレビを（運転はしていません）観ながら、「もう少しだ、世界一だ」と思っていたら、相手のアメリカがホームラン！　え〜、嘘《うそ》〜。一点差になってしまった。前日のメキシコ戦での逆パターンも有り得るわけで、ダルビッシュ投手に「大丈夫だよ、有君。君なら大丈夫。強化合宿から参加してみんなをここまで引っ張ってきてくれたのは有君だよ。本当にありがとう」と、まるで負けてもいいような心の準備をする自分に気づく。しかも、有君って⁉　そんなに知らんくせに。
いいや、私がついている。ここまできたら、みんな仲間だ、同志だ。有君は、何とか切り抜け、いよいよ九回表。ここを抑えれば、世界一だ。と、その時、取材場所に着く。時間ぴったりに部屋に入る。九回表、あと3人だ。新聞社の男性記者の方はもう座っていらした。もうここは一つお願いするしかないだろう。頼むしかない。

「すみません、今、最後のアメリカの攻撃なんです。一緒に観ていただけませんか?」「え? 勝ってるんですか?」「はい! もうすぐ勝ちます。世界一なんです」。初めてお逢《あ》いするその方と小さな携帯の画面を見ながらエールを送る。大谷選手がアメリカでのチームメートから三振を取り、またしてもショータイム。勝った! 跳びはね、その方とハイタッチをして喜び合った。「あー、素晴らしい時間でしたね」と。

「で、4月に幕が開くGYPSYですが……」。取材は何事もなかったかのように始まった。

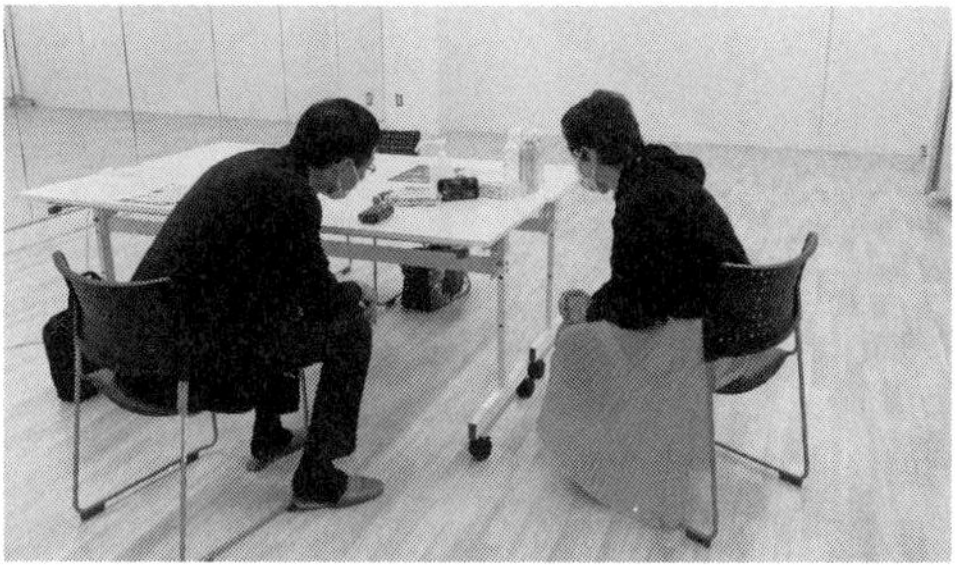

初めてお逢いした方と、世界一を見守った

奈良岡さんのチーズトースト

それを知ったのは、9日に幕が開くミュージカル「GYPSY」の稽古中だった。2時間に一度入る休憩時間。急いでおにぎりを頬張《ほおば》り、次のシーンの確認をしていたのだが、なんとなく携帯の電源を入れてみた。『女優奈良岡朋子さん死去』のニュース。5分後には始まる稽古のためか、私は冷静にその事実を受け止めた。というより、この日が来てしまったんだなと、それをグッと心に押し込み、再び稽古へ。

奈良岡さんとの出逢いは17歳の時、朝の連続テレビ小説だった。奈良岡さんの出演は1カ月程だったのだが、芝居は勿論《もちろん》、撮影の合間に聞くお話や、佇《たたず》まい全てがカッコよく、大人の女性とはこういう人のことだ。とすっかりファンになり、子供のように側《そば》を付いて回った。そして奈良岡さんが生涯を捧げた劇団民藝の創設者でもある宇野重吉さんの演出で、初舞台を踏んだ時も、宇野さんの演出が楽しくて仕方ないと言う私に、

「しのぶは本当に面白いわね。みんな怖くて、楽しいなんて人、聞いたことないわあ」と言ってケラケラと笑っていらした。

その後も、私が民藝に客演し、奈良岡さんと3カ月旅公演に出るという夢のような時間も過ごした。みんなが観光地巡りをしている時も、私たちは楽屋で、ホテルの部屋で、ずっとおしゃべりしていたっけ。話し足らず、お家にお泊まりしたこともあった。翌朝、寝坊した私に（よく大先輩の家でぐーぐー寝られたものだが）奈良岡さんはチャチャッと手際よくチーズトーストを作ってくださった。「私の家に泊まったのはしのぶが初めてね。あなたみたいな子が娘だったら楽しいでしょうね」。私は嬉《うれ》しくて真っ赤になりながら、それを食べたっけ。

それから約50年。時々お食事したり電話で話したり。コロナが落ち着いてきたので「あなたがいい時間を教えて、もうそろそろ食事もできるでしょう」。そう言っていたのだが、実現することはなかった。あの凛《りん》とした美しい声はもう聞くことができない。ケラケラと笑う、あの楽しそうな笑顔はもう見られない。芝居の話、戦争、今の日本の政治についてもいつも私たちは熱く語り合った。90を過ぎても一人でなんでもおやりになり、私はいつも驚いていたっけ。あのお部屋でもう一度だけおしゃべりしたかった。

「しのぶ、どうしてる?」。時々掛かってきた電話。ハイ、私は今日も芝居をしています。奈良岡さんが70年間、人生をかけてやり続けた芝居をしています。あなたのようにまだまだだと思いながら、今日も必死に闘っています。

凛とした美しい人でした

私は出来る。必ずやる！

9日、ミュージカル「GYPSY」の幕が開いた。

1月。年明けから歌稽古が少しずつ始まる。テレビドラマ「犬神家の一族」の撮影で岡山、東京を行ったり来たりしながらも音源を新幹線の中で聴く日々。2月。その撮影が終了した翌日から音楽稽古が始まる。音楽監督や、歌唱指導のY先生とのマンツーマンの日々。キーが私には少し高く、まるで鶏が絞め殺されるような声になってしまう。私、大丈夫なのだろうか。ミスキャストじゃなかろうか。歌詞にある『あなたは出来る。必ずやる』と言うのを娘にではなく自分自身に歌っている気持ちになる。前にも書いたが毎日根性ドラマのように「はい、はい、頑張ります」の繰り返しだった。

全く筋トレというものをやったことがない私に歌う筋力をつけましょうとY先生は風船をプレゼントしてくださり、空き時間に筋トレまで教

えてくださる。音楽監督はいつも穏やかに歌いやすいように音楽的なアプローチを教えてくださる。鶏の叫びが少しずつ普通の声になり、高かったと思うキーが楽に出せるようになってくる。あ、出せた！　その瞬間、みんなで拍手をして喜んでくれる。

　あっという間に1カ月が過ぎ3月に。イギリスから演出家のクリストファー・ラスコムさんが来日して本格的な稽古が連日夜8時まで続く。家に帰ってお風呂に入って喉《のど》のケアをして眠る。それだけの日々。

　そして9日。文章で音を表せないのが残念だが、〝パパッラッパッパ～〟と絶対に誰もがワクワクするオーケストラの生音で幕が開いた。

　客席も私たちも少し緊張している。私もいつもの芝居とは違っている自分を感じる。えーい、ままよ、やってやる。先生たちに教えていただいた日々がよみがえる。そう思ったら俄然《がぜん》楽しくなってきた。

　最後の音楽が終わりカーテンコール。お客様が一斉に立って拍手をしてくださった。何度も繰り返されたカーテンコール。客席にいるクリスを呼び込む。たった一人、初めての日本で色々不安もあっただろう。が、彼は最後まで真摯《しんし》に私たちと向き合い、桜をゆっくり見ることもなく丁寧に作品を作り上げた。そして楽屋に戻った私を前に歌唱指導のY先生は、『本当に本当にしのぶさん、良かった〜』と子供のように号泣なさった。出来の悪い生徒ほど可愛いとはよく言ったもので。

みんながいたからここまで来られました。ありがとう。明日からもっともっと頑張ります。

この作品に出逢えた喜びを毎日感じています＝田中亜紀氏撮影

立ちすくんだ私たち

「お母さん、桜がかわいそうだよ。お巡りさんに言わなくちゃ」

35年前、息子が幼稚園に向かう通園路での出来事……。昨日までそこにあった桜の木が見るも無残に切り取られていた。道の両側に桜が数百メートル続くその道は、それはそれは華やかな桜のトンネルを作り、風に散る桜吹雪もまるで桃源郷を連想させるような美しさで、私はその道が大好きだった。昨日までそこで確かに呼吸をしていた大きな大きな桜の木。その切り株は人間と同じようで、まだ温かく、湿っているようで、生々しくさえあった。

「どうして？　どうして切られちゃったの？」

呆然と立ちすくむ私に、幼稚園のバッグを握りしめ、息子が言ったのが冒頭の言葉です。そこはあるマンションの駐車場の前。つまりこの1本分がなければ、車が一台入り、住む人も管理会社も幸せになると言う

理由であることは一目瞭然だった。一体この桜は誰のものなのか、町のものなのか、区のものなのか。私は知る由もなかった。ただ、朝の桜並木でのこの出来事は、いまだに忘れることができない。

今、神宮外苑の再開発の事業の一環として沢山《たくさん》の樹木が切り倒されようとしている。音楽家の坂本龍一さんはそのことを憂慮し東京都の小池都知事に手紙で一石を投じた。

――百年かけて先人たちが守り作り上げてきた樹木を守るべきで、これらの木々は沢山の人に恩恵をもたらすが、再開発が恩恵をもたらすのは、一部の富裕層にしか過ぎない。それゆえ、再開発を考え直してくださいませんか――。と、いう趣旨の分かりやすく、そして確かな文章であった。それに対する知事の答えは（定例記者会見で答えていたものだったと思うが）、東京都だけではなく業者の方にも言った方がよろしいのでは？　だった。

手紙から1カ月後、坂本さんはお亡くなりになった。まるで遺言のように彼の言葉が多くの人の胸に刺さり、所々で反対の運動が行われている。が、しかしまた何事もなかったかのように、ことが運ばれていくのだろう。国葬もそうだった。叫んでいる人々の声は届かず、分からないことが国民に説明もされずに進んでいく。マイナンバーカードに基地問題……。それでも私たちは叫び続けよう。「お巡りさんにやっつけてもらおう」と。そのお巡りさんは一体どこにいるのだろう。

息子と一緒に毎日通った桜並木

植木鉢と謎の粉

ミュージカル「GYPSY」東京公演が、先月30日に無事に千秋楽を迎えた。スタッフのみんなはそのまま休む間もなく次の地、大阪へ。私は、東京での仕事を1日だけこなし、ゴールデンウィーク真只中《まっただなか》の新幹線に。かなりの人混みだったが、この3年間を思えば夢のようだろうな。故郷へやっと帰る人たちもたくさんいるだろう。

出かける前、ご飯を炊き小分けにして一応冷凍庫に入れた。1週間留守にするので、家事を一切しない息子のためだ。過保護だと思いながらも白米さえあれば、朝くらいなんとかするだろう。冷凍庫に入れたカレーの説明などもしてみる。が、聞いているのかいないのか……。ごみの日の説明を終え、一番大事な植木の説明に。この1月、私が一瞬外に出して中に入れるのを忘れ、地方ロケに行っていたため（あの寒い時期にだ）帰って来たら無惨《むざん》な姿になっていた三つの植木。葉を全部切り、1、

2センチの茎だけになってしまった。諦めきれず毎日窓ぎわに置き、元気になる栄養剤とやらを時々あげて、「本当にごめんね、元気になってね」と呟《つぶや》いてお水をあげていたら、2カ月後、なんと三つとも小さな新芽が。私はその植木鉢を並べ留守中の水やりをお願いした。「やっと出てきてくれたの。だから絶対にお願いね」。すると「何であげればいいの？」ときたもんだ。「なんでもいいよ、コップでも」「どのくらい？」「このくらい」。そんなことも分からないのかと言いたかったが、「よろしくね」。

そして、いざ大阪へ。大盛況のうちに6公演を終え、帰宅しすぐにリビングへ。あー、無事だった。ちゃんとあげてくれていた。が、すぐ横に何やら見たことのない怪しい白い粉が置いてある。30×20センチほどのラップの上にまかれた白い粉。白いテープで止めてある。一体これは？　よく見ると息子の字で、『アリ対策の重曹』とある。息子にまずは水やりのお礼を言いこの白い粉について尋ねてみた。すると水をあげている時に数匹のアリに気づき対策を調べてみたところ、重曹と砂糖を混ぜてしばらく置いておくとその場所は危険と察知し、アリはもう二度と現れないらしいと。素晴らしい。「ありがとう。あ、でも重曹のある場所よく分かったね」「前にどこかの引き出しに重曹の文字があったの覚えていたから」。またまた素晴らしい。ありがとう。アリの存在に時々気づいても全く無視した私はちょっと反省。きちんと生活するのは大変だけど、なかなか面白いなと教えられた。

今日も元気に生き生きとしています

元気のリレー、よっしゃー

ミュージカル「ＧＹＰＳＹ」。愛知県刈谷市での公演も無事に終わり、東京に戻った翌日のこと。メンテナンスである大事なマッサージを終え、駐車場までの道を歩きながら、身体に力が入らないことを実感してしまう。２月に始まった稽古から２カ月半以上が過ぎ、初めてと言っていいくらいの強い疲労感だ。と言うより、今までは認めようとしなかった身体の訴えを確認する。残すところ、あと福岡での４ステージだ。疲れたなどとは言っていられない。

「頑張れ、私」と言いながら点灯し始めた高層ビルの明かりを見上げ、少しだけ「ふー」とため息をついた。そりゃあ、疲れてるよと、気弱な自分になりそうになる。その時ふと、本当にふと、母の姿を思い出した。入院している父の代わりとなって働き、仕事を終え５人の子供が待つ家路を急ぐ母の姿を。夕飯の食料を抱えタッタタッタと歩く母を。そうだ、私は母の娘なんだ。鋼のような精神力と強靭《きょうじん》な体力の持ち主なのだから。ちょっとやそっとで弱音は吐かない。少しだけ気を取り直し、また歩き出す。

車に乗り込みエンジンをかける前に携帯を見ると1通のメッセージが。愛知公演を観《み》てくれたお客様の感想が転送されてきた。劇場から数分のところにあるダイニングカフェの店長さんだった。初めて行った彼のお店は、カウンターと一つのテーブルだけの小さなお店。が、出てくるお料理はどれも素晴らしく、素材も味付けも料理法も全てが忘れられない味だった。帰り際、挨拶《あいさつ》をした私に「なんとか当日券を買って観に行きます」と言う。「いえ、こんな美味《おい》しいご馳走《ちそう》をいただいたのですから、私から主催者の方に聞いてみます」と何度言っても譲らない。あまりしつこくてもいけないと思い、そのままに。が、やはり並んで当日券を買って観てくださったのだ。

「素晴らしい経験をありがとう」と綴《つづ》られ、「こんな経験をさせていただき、もし僕が恩返しできるとしたら、皆さんのように、人に感動を与えられる人間になることでしょうか。ますます自分の仕事が誇らしく、好きになり、頑張っていこうと思いました」と感想をくださった。なんて素敵なんだ。私こそ、お料理ひとつひとつに、お米の炊き方にもこだわった、心込めた美味しいおにぎりに感動をもらっているのに。私は母から元気をもらい、その元気になって演じている私を観て、誰かの未来に灯《あか》りを照らした。人と人との繫《つな》がりはやっぱり素敵なものを生み出すものだ。

私は「よっしゃー」と気合を入れてエンジンをかけた。エネルギーは満タンだ。

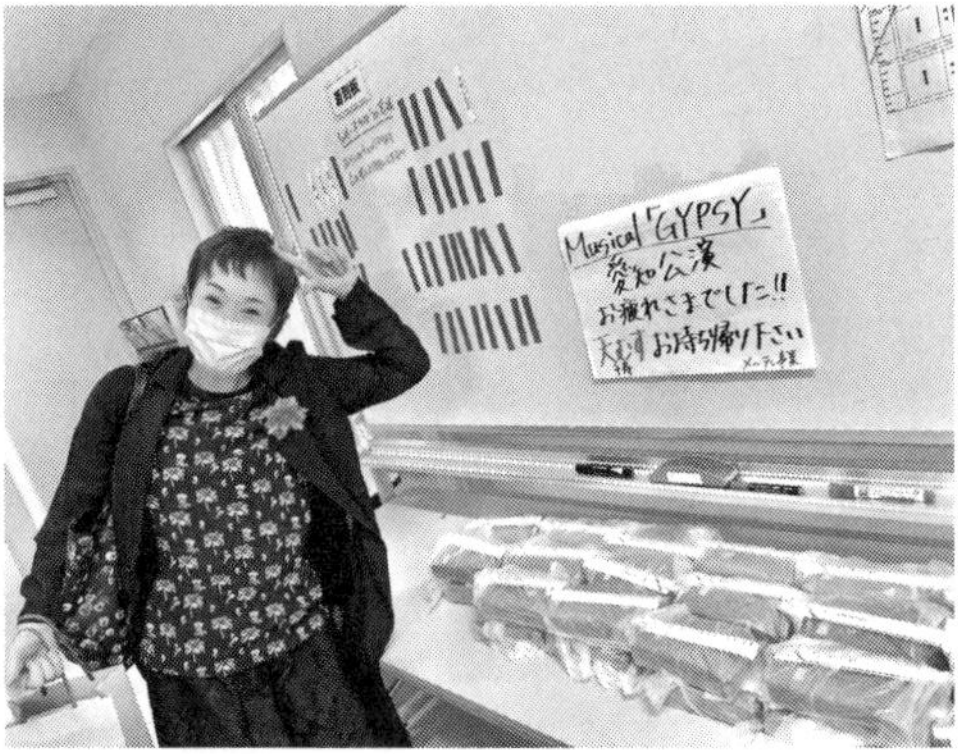

地方地方で美味しいものをいただきました

誰もが求める〝お母さん〟

6月1日は母の誕生日だった。生きていたら101歳。「何歳になったの？」。「あー、私？　幾つになったのかしら」としか答えられなかった母だったが、生年月日を尋ねると、「1922年6月1日！」。まるで子供のように自慢げに答えていたのを思い出す。

百歳まで頑張ってと言っていたのに、あれからもうすぐ5年が経つ。姉妹4人、それぞれの場所で、お祝いしましょうということになった。今月は私の芝居の稽古スケジュールが詰まっていて集まるのは無理だった。私はケーキを、私はお花を、私はおはぎをお供えするねとそれぞれ言いあった。最後に「やっぱり寂しいね」と言う妹。私の妹は学生の頃からの夢だった福祉関係の仕事に就いている。

子供を産んでから資格を取り、離婚をし、一人で二人の子供を育て上げた。高齢者の方々のお世話をして、本当に一人一人の人生を抱えなが

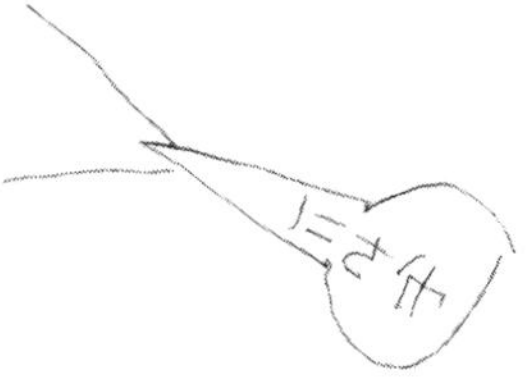

ら生きている。先日こんな素敵な話を聞いた。

出先の仕事から会社に帰ると、ここ3年ほど関わっていた一人暮らしの男性の方が、妹の帰りを待っていた。妹の姿を見るや否や「あー、会いたかったよー」と言ってきた。「私も会いたかったよー。一体どうしたの」と妹が訳を聞いてみる。近所のお医者さんに行ったら肺に影があるので、再検査をきちんとするように言われ、大きな病院で検査をして、その結果が今日やっと出たという。心配なし、経過観察で良いとのことだった。結果が出るまで、眠れず辛《つら》くて怖かったそうだ。「でも大丈夫だった。伝えて喜んでもらいたくて来たんだ」という。「あー、辛かったね。大変だったね」。妹は自分のことのように喜んであげた。事務的なことも含め、何かをしてあげると、その方はいつも「そんなに僕のことを考えてくれて、ありがとう」と言って泣いてしまうそうだ。そして彼は、そんな妹のことを〝お母さん〟と呼ぶんだそうだ。自分より年下の妹を。

１９２２年生まれの母が必死になって育て上げた娘は、こうして今日も誰かのために働き、誰かの幸せの役に立っているのだ。なんて素敵なんだ。人間の基本は、優しさだなとしみじみ思う。それが必ずいい仕事につながっていくのだと。「あー、良かったね」と心から心配し、喜んでくれる人がいるだけで、どれだけその人の生きる力になるか。身内もなく、ただ一人で寂しく暮らしている高齢者の人たちはこれからもどんどん増えていくだろう。自分の身体の相談もできず、一人悩んだり、やけになってしまったりしている人も沢山《たくさん》いるだろう。医療費の負担増によって病院に行けない人も沢山いるだろう。多くの誰もが、今も「お母さん」と求めている気がする。

毎年恒例だった母の誕生日会で。楽しそうな妹と母です

チリチリ感、たまらない

今月24日に幕が開く一人芝居「ヴィクトリア」の稽古の日々。スウェーデンの巨匠であるイングマール・ベルイマンが、元々はラジオドラマとして書いた戯曲である。

最初にこのお話を聞いた時、20代の時に観《み》た彼の映画の何とも言えない緻密《ちみつ》さと繊細な世界、美しい映像を思い出した。舞台であの世界を表すというのか、しかも一人で。だが戯曲を読んだ瞬間、「これはなんだか面白そうだぞ」と思ってしまった。一人芝居のしんどさや、前の公演が終わって数日後に稽古が始まるという現実は全く考えずに、また答えてしまった。「はい、やります。やりたいです!」と。出演者はもちろん私一人。演出は藤田俊太郎さん。今人気の演出家である。が、私は彼が蜷川幸雄さんの演出助手として付いていた20代の頃から知っているので「俊太郎!」と言った感じだ。スタッフさんを含め10人ほどのアット

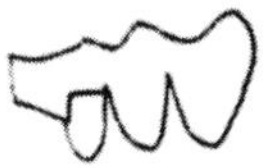

ホームな雰囲気の稽古場である。
　だが中身はというと、自称43歳というヴィクトリアが夫に対し、「なぜあなたは私を愛せないの？」「なぜ他の人にはできて、私には何もしてくれない」と詰問するところから芝居は始まる。私は見えない相手役をなじったり、嘆いたり、愛を告白したりする。私の頭の中の夫は外国映画の中に出てくるようなロマンスグレーで、理知的で優しそうな素敵な紳士だ。一人芝居はこういう時に便利だ。理想的な相手役と芝居ができてしまうのだから。
　スピーディーな展開で話は進む。少女期の両親との孤独な生活、夢の中での不思議な体験、かと思えば、夫の浮気シーンの目撃、安ホテル、そして病院。彼女の精神が壊れていくと同時に、その場面が瞬時に変わっていくという戯曲の構成である。分かりやすく言うと、ヴィクトリアの頭の中でぐるぐると回り続ける過去のあらゆることを再現し、最後に彼女が見たものは⁉　と言ったところだろうか。

精神を病んでいるということもあり、常にチリチリと頭の中で何かがうごめき続けている。孤独であり、愛を求めている女性と毎日向き合っている。「欲望という名の電車」のブランチを演じている時にも感じた、チリチリとした感情。そして、それを演じる楽しさ。もちろん帰れる場所があるからこそ言えるのだが。

とにかく今日も、ヴィクトリアのいつ何が起こるか分からない世界から無事に戻り、糠床《ぬかどこ》をかき混ぜている自分にちょっと笑ってしまうのです。

ビジュアル撮影をした時の一枚です＝本人提供

二つの世界、行き来して

毎週水曜夜の9時5分から、NHKラジオ第1で、「大竹しのぶの〝スピーカーズコーナー〟」というレギュラー番組を持っています。スペシャル番組でスタートしてから数えると丸3年以上が過ぎた。私が一人で、日々感じたことを話したり、リスナーさんからのメールを読んで「わかる、わかる」と共感したり、感動したり、叫んだり笑ったり、コーナーによっては、歌ったりの忙しい50分だ。今週もスタジオから生放送でお届けした。

その日は朝からインタビューを受け、稽古場へ。先週も書いたが、今やっているのは膨大な台詞《せりふ》の量の一人芝居「ヴィクトリア」。繊細で、感情の起伏が激しく、精神を病んでしまっている女性だ。セットや衣装が変わる訳でもなく、私の身体、声で瞬時に変わる場面、場面を全て表現しなければならない。幼少期であったり夢の中であったり。ヒエ〜。

難しいのは承知で挑戦したのだが、初日が刻々と近づくと稽古場の空気も緊張感が増す。場面転換や見えない相手の動きを一つずつ確認しながら、より一層細やかに作り上げてゆく。

そんなかなり集中した稽古を終えてからNHK入り。打ち合わせや、音響チェックなどをする。今日は新コーナーもあるが、基本楽しいので緊張はしない。そして、9時5分。「大竹しのぶのスピーカーズコーナー」と元気よく叫ぶ。オープニングだ。楽しい音楽が流れる中で「明日は、千葉県民の日なんですって」などと、スタッフさんが調べてくれた今日の出来事風なことを話す。リスナーさんからの〝今〟がメールで届く。「蛍を見てきた帰りで聴いています」「いちご農家は今が大変なんです」「ちょっと、しのぶさん聞いてください。うちの息子やっぱり、母の日、何もくれなかったの〜」

読みながら、心がほっこりしてくる自分に気づく。そうかぁ、蛍かぁ、見に行きたいな、父と一緒に毎晩のように見に行ったことを思い出す。

あまおうの甘さを思い出す。「母の日、うちも同じでーす」と言って大笑いをする。5、6時間、ヴィクトリアの世界にいた反動か、踊り出したくなるほど楽しくなって、心が癒やされ、お仕事なのに話していて幸福さえ感じた。体は疲れているはずなのに、リスナーさんの日常を聞き、平和で、何でもない一日、一日が、どれほど、人間にとって大切で、心豊かにしてくれるものであるかと改めて思う。

当分は、この二つの世界を行ったり来たりの日々。頑張ります。

サイコロを振ってその年の話をする新しいコーナーを始めました

ん～、どこ行っちゃった？

一人舞台「ヴィクトリア」の初日が数日後に迫っている。膨大な台詞《せりふ》の上に、スウェーデンの巨匠ベルイマンの世界は深く、もっともっと、と追求したくなり、稽古を重ねれば重ねるほど面白くなってくる。もうあと一年稽古をしても足りないくらいだ。それでも初日はやってくるわけで、同時に、日常も続いているわけで、食事や洗濯、ゴミ出し（お掃除はこの際、多少目をつむろう）をしながらも、頭の中はヴィクトリアに占領されている毎日だ。だが、我が息子はそんな母にこれっぽっちも気付かず、気にもせず、気も使わずのマイペースである。

そんな彼が、2カ月ほど前からダイエットに目覚め、コロナ禍でかなり増えてしまった体重を元に戻そうと頑張っている。1日の摂取量のカロリー計算をし、それ以上は絶対に食べない。頑として食べない徹底ぶりで、やる時はやるという意志の強さを見せられ、偉いなぁと感心はしている。
週に3回、プールにも通い始めた。ある日「水中眼鏡が見当たらないんだけど、知らない？」と聞いてきた。「水着を洗う時にサッと眼鏡も洗うから出しておいて」と言ってから、いつもバスルームに置いてあるそれが、確かに見当たらない（水着くらい自分で洗わせようと思いながら、つい言い忘れてしまっている）。「私ので良ければ」と言ったが、彼のには度が入っているらしく、「ん〜、そうかぁ、どこにやっちゃったのかな〜」と言いながらも、私のを持ってプールへ向かった。

そして2日後、「水中眼鏡がないんだけど」「これ使って」。再び同じ会話。そしてまた2日後。「どこ行っちゃったのかなぁ」「ねぇ、買ったらいいんじゃない？　探したけど見つからないし」（それどころじゃないし、とは言わなかったが）。「いくらだったの？　高かったの？」「いやぁ、いくらだったかなあ。忘れた」。え？　プールに通い始めたのは最近のはずなのに、値段を忘れてしまったのか。やや驚きながら、「それっていつ買ったの?」と聞いてみた。「10年くらい前かなぁ」。私は笑い転げ、「そこまで使ったんだからもういいよ、買って、買って」。

次の日。稽古を終えた私に息子からLINEがきた。水中眼鏡の写真が添えられて。「メガネあった。洗面台に」。なんでだろう? 2人以外誰も使っていないバスルームの洗面台に、探してもなかった水中眼鏡が、魔法のようにそこにあった。ここからまた5年は使うであろう、彼の水中眼鏡。

魔法のように出てきた水中眼鏡（左）です

お願い、私を見て

舞台にアクシデントはつきものである。勿論《もちろん》入念に準備や確認はするのだが、それでも起こる時は起こる。その時に役者はどう乗り越えるか、観客はそれを楽しむか、または許さないか。

今、上演中の舞台「ピアフ」の一幕のラストシーンでそれは起きた。生涯愛し続けたボクサー、マルセル・セルダンとのシーン。舞台に広げられた真っ白い大きなシーツの上で二人は愛を、孤独を語り合い、より一層理解し合う。彼が帰る背中に「早い飛行機で帰ってきて」とピアフが言う。舞台後方に消えていくマルセル。異常に高まるエンジン音と音楽。観客は彼が飛行機事故で亡くなったことを理解する。

白いシーツの中で目覚めた私は、彼の名を呼ぶ。「マルセル？」「マルセル？」。そして次第に理解する、彼の死を。自分の責任で彼が死んだことを。ドラマチックな場面であることは間違いない。が、である。囁《ささや》くような声で「マルセル？」と言った瞬間、「ただいまより、25分間の休憩……」。明るく若いお嬢さんのアナウンスが客席に響いた。そして、プツッと消えた。客席で失笑が起こる。何とか劇中に戻さなければならない。私はいつもの百万倍の集中力を使って芝居をする。「お願い、私を見て。ピアフの世界に戻ってきて」。そして私自身がその世界に没入してゆく。今までとは全く違う集中力で。数秒後、みんなの心が戻ってきたことが分かる。そしていつにも増して熱い拍手をいただいた。お客様とはありがたい。許されたのだ。

　そんなことがあった夜、一緒に出てる梅沢昌代さんが「偉かったね、今日は」と褒めてくれた。梅ちゃんに私は、とあることを話し始めた。もう40年も前、まだドラマがきちんとリハーサルをやっていた頃の話。

　外からドドドドウと大きな工事音が部屋の中にも響き渡る。ディレクターは私の最初の夫であった。私は少し訴えるように（こんなうるさくちゃ芝居できない）といった目で彼を見た。すると彼は優しく、だがやや強い口調で「はい、気にしない、気にしない」。私は一瞬で理解した。どうしようもないこと、起こってしまったことに負けてはいけない。それ以上の力でもって制すれば良い。決して怒ってはいけない、ということを。

「そんなことを思い出したの。いつも教えてくれているの」と、梅ちゃんに言った。なんだか温かい気持ちになり、彼にまだ守られている気がして、涙ぐみそうになった。向かいに座っていた梅ちゃんも涙ぐんでいた。「なんか涙出てきちゃうよ」。

何十年経っても大事な人の愛や、言葉に教えられる。人間って素敵だな。と、そんなことを思った夜でした。

「ピアフ」の一場面より。博多公演もがんばります＝東宝演劇部提供

テレビが映らない！

ホテルに滞在中のある日のこと。夜の9時過ぎに部屋に帰る。昨日もそうだったが、どうもテレビリモコンの調子が良くない。電源が入り、メニュー画面は出るが、なかなかテレビが映らない。

朝、電池の交換をお願いしたのだが、どうも電池の問題ではなさそうだ。これはホテルの方に見てもらうしかないなあ。お風呂に入るつもりでガウンを着ていたが、もう一度服に着替え、電話をかける。20代前半の可愛らしいお嬢さんが制服姿で来てくださった。一通りの説明をし、何度押してもテレビの画面にならないことを話す。すると、「申し訳ありません。なんででしょうね」と可愛らしい動作で、テレビに向かってリモコンボタンを押し続ける。（それは、私がさっきまでやっていたことなんだけど……）と、ここまで出かかるが、じっと言葉をのみ込んだ。「電源を切ってやってみます」（うーん、それもやったよ〜）。またまた

言葉をのみ込んだ。「おかしいですね～」（だ、だからお願いしてたんだけど）。「もっと分かる者に確認します」と言われ初めて言葉にする。「あの、もう遅い時間ですし、ニュースを観《み》たいのですが、時間が掛かりそうなら、もういいです。明日出かけている時にお願いします」。言葉をのみ込んだ分、少しきつめの言い方になってしまった。お嬢さんは、いけないと思ったのか、なにやら電話を掛け始めた。しばらくすると上の方が部屋のキーを持ってきて「明日、きちんと直しますので、お隣の部屋で観ていただけないでしょうか」。そこまでテレビに固執していたわけではないのだけれど。ただ早く、明日の本番の為に休みたいだけだった。

　ひとり隣の部屋でニュースを観ながら考えた。私は直してもらえるのが当然と思っていたのではないか。貴重な時間を、何十分も取られたことに腹を立て過ぎたのではないか。他人から見たらそうは見えない程度だが、明らかにイライラしていたのは否めない。いかん、この程度のことでイライラするなんて（息子だったら絶対に怒らないだろう）。

　そして自分の部屋に戻り、しつこく入力切り替えを押したりして試してみた。すると、なんのことはない、簡単にテレビが点《つ》くではないか。私はフロントに電話をかけ、見方を見つけたことと、来てくださったお二人に「ありがとうとお伝え下さい」と言って電話を切った。ふ〜、これでゆっくり眠れる。そういえば、テレビに切り替わった瞬間、映ったのは元夫のさんまさんだった。

　テレビの中の笑い声を聞きながら「そう、そう、なんでも笑いに変えるのは大事なんやで〜」と言われている気がした。

お花を見ながらニッコリ。いつもこうでなくっちゃ

あとがきにかえて

私の物語

「子供の時にね、グリムとアンデルセン童話どっちが好きだった?」

スタジオに作られた小さな部屋のセットにある炬燵に寝転びながら、こんな質問をなさったのは、渥美清さんだった。

「私はアンデルセンが好きだったな一。なんだっけ〝マッチ売りの少女〟あれ好きだった」と、誰かが答える。「〝みにくいアヒルの子〟は? あれはアンデルセン? 好きだったな。しのぶちゃんは?」と聞かれ、「私は両方とも好きで、両方ほとんど読んでました。特にお姫様が嘘をついて、口から蛇やカエルが飛び出してくるのが好きでした」と答えたら、渥美さんは「わかるような気がする」と何だか嬉しそうに笑っていたっけ。

映画「男はつらいよ」の撮影の待ち時間でのことだ。「しのぶちゃん、渥美さんはね、若い時に結核になってね、肺が一つないの。だからね、お芝居してる以外はあぁして横になって、エネルギーを溜めているの。素晴らしいでしょ」。そう教えてくださったのは監督の山田洋次さんだった。その渥美さん演じる寅さんの口から出てくる言葉たちは、私たちに安らぎと笑いを与えてくれている。そんなことを思っていた20歳の夏。父は逝った。

まるで映画のカットバックのように浮かんでくるあの時。病室に入ると、母が父のベッドの傍に座り、振り返り私に言う。

「しのぶ、お父さん、死んじゃったの」

母は泣いていなかった。ただただ真っ白な顔をして呆然としている。私はもう二度と言葉を交わせなくなった父のベッドの周りを「嘘、嘘、こんなこと嘘だもん」と何度も繰り返しながらグルグルと回っていたっけ。ドラマで、すぐ泣き叫ぶのは嘘かもしれないと、どこかで一端《いっぱし》の俳優のようなことを考えている自分を責めながら。

6月19日。病室のカレンダーに、その日は、赤い丸で囲まれていた。まん丸い父の字で『しのぶ日曜劇場』と書かれている。初めて私が出演するTVドラマを父はとても楽しみにしていたのだ。その前日も私は父と会っていた。癌《がん》の再発で入院していた父は、脳血栓を起こしていて言語障害の症状が現れていた(これは後になって先生から聞かされたことだが)。

「じゃあ、お仕事行ってくるね」。そう言って立ち上がり、ドアに向かう私に「しのぶ」「なあに?」「しのぶの、んー、ふ、ふ、、服は、んー、せ、せ、せ清楚でと、とてもいいね」。白いブラウスと紺色のスカートをはいていた私にかけてくれた言葉。これだけ言うのに5分程かかった。それが、父が私にかけてくれた最後の言葉になった。

翌日、私は映画の撮影のために朝から東京を離れ、神奈川県の大船撮影所にいた。

その日はクランクアップで、夜の9時、撮影が予定通りに終わる。私はスタッフさんや共演者のみんなとお別れの挨拶をしようと思っていたら、マネージャーの人がかなり慌てた様子で有無も言わさない表情で私を車に乗せた。そして車の中で彼女は、私に買ってきたおにぎり、お菓子を「食べろ、食べろ」と勧めてくる。そんな、いきなり車に乗せられて、みんなときちんとお別れもできないで食べられる気分じゃないなと思いながらも、仕方なくパリパリと食べてみたポテトチップス。

気が付くと彼女の車は、家とは違う方向に向かっている。そこで初めて病院から電話があったことを告げられる。父は私が大船を出た時間、そう、楽しみにしていた日曜劇場が始まる夜の9時。この世に別れを告げていたのだった。

その私を病室で待っていてくれたのは、母だった。

父を車に乗せ、私と母は父の遺体を抱きしめながら家路につく。車の窓から見える真っ暗な景色を見ながら、なぜか父の好きだった歌を私は歌い始めた。

〝この道はいつかきた道、ああーそうだよ、あかしやの花が咲いてる〟。

母は何も言わず、ただただじっとしていた。〝からたちの花が咲いたよ、白い白い花が咲いたよ〟

生前、父の前で歌ったこともないけれど、その時の私にとって、それが今できる父との最後の触れ合いのような気がしたのかもしれない。窓の外に、かすかに見える田圃の水が光っているのをハッキリと覚えている。初めて経験した肉親の死。これ以上悲しいことは私の人生において、この先に決して起こらないであろうと思っていた。それ程まで、私は毎日のように泣きじゃくっていた。

が、それほど人生は甘いものであるはずはなかった。

25歳で結婚した夫に癌がみつかり、余命一年と言われたのは26歳の秋だった。

今のように本人に告知するかしないかの選択は、当時はまだ告知する方が少なかった時代だ。

入院当日、病室に入る。

その時点では私も彼と同じように、胃潰瘍の手術だと信じて疑わなかったのだ。看護師さんが、「あ、奥様。奥様に先生から手術の説明があるので、先生のお話を聞いてきてください」と。一人言われた部屋に入ると、そこにはお義《ね》姉《え》さんがもう待っていた。先生がレントゲン写真を見せながら「この白い部分、これが、癌の疑いがある部分です」。その言葉を聞きながら、先生は私に気を遣って言葉を選んでいるということが咄嗟にわかった。これは間違いなく癌であって、疑いではないと。しかも楽観視できない状況であることがその響きの中に感じられた。

　その後の先生の説明はきちんと入ってこなかったような気がする。義姉は事前に電話で知らされていたらしく、

「ごめんね、まだ若いのに、どうしようと思ったんだけど、やっぱりね、あなたには言わなくちゃと思って、ごめんね。でもね、先生にお任せして、頑張ろうね」

　とめどなく涙が溢れる。父と同じように彼の身体を侵食している黒い塊。先生との話し合いで余命が一年であることを知らされ、本人には告知しないで治療を進めていくことを決めた。義姉はそのままそっと帰り、私は彼の待つ病室へ。廊下の片隅で今流れた涙を拭き、顔を整え、「ふー！」と大きく息を吐き出し、気合を入れた。病室に入る。私の目をまっすぐ見つめる彼の厳しく怯えたような顔を今も思い出すことができる。「さあ、勝負だ！」私は心の中で呟く。

彼を守るために私は嘘を貫き通すのだ。

恐怖から守るために、穏やかな気持ちで過ごしてもらうために嘘をつくのだ。世界中のお医者さんや看護師さんがもうダメと言ったって、私が治せばいいのだ。さぁ、ゴングが鳴った。そんな気持ちだった。

それから4年。彼は仕事に復帰もし、私たちは子供にも恵まれ、穏やかで幸せな日々を送ることができた。それは本当に奇跡だったと思う。そんな彼との別れも夏だった。30歳の夏。

子育てと仕事に必死だった30代、40代が過ぎていった。その間に出会いや別れもあった。嘘のないパートナーとの生活では、喧嘩もしたし、嘆き合ったし、嫌な時間も過ごしたし、思い切り笑い合ったし、楽しい時間も沢山あった。それぞれが今となっては楽しい思い出である。そして、言えることはいつも、その生活の中心にいるのは子供たちであり、その傍らにはいつも母がいてくれた。

50代を過ぎて今度は、その母の老いという問題に直面する。一つ一つ昨日まで出来たことが出来なくなっていく現実。洗濯が好きで、家中のものを集めては綺麗に洗濯していた母。朝起きるとすぐに割烹着を着て孫のため私のために働いていた母。母の介護についてなど若い頃はこれっぽっちも考えていなかった。一緒に暮らす私や子供たちのために母は時間をかけて最後の授業を私たちにしてくれたのかもしれない。息子はいつからか母の体を支えるようになり、娘はいつからか母の目線に座って話すようになった。時々ショートステイなどの施設に行ってもらってはという姉妹たちからの話に、「ノー」と言ったのは二人の子供たちだった。

食卓で開かれた3人の家族会議。「おばあちゃんが、おばあちゃんとして最後まで尊厳を持っていられなくなるなら、事実上のサヨナラになる」と極論を出した息子。「お母さん、お金あるでしょ？　お金でできることはして、あとはみんなで頑張ろうよ」と力説した。私はこんな優しい子供たちに育ってくれたことが本当に嬉しく、俄然ファイトが湧いてきた。

それから一年ほどして母は逝った。最後まで「ありがとう」と「幸せねー」を繰り返しながら。そうしておばあちゃんを見送った二人の子供たちも今は自立し、それぞれの道を歩いている。

これ以上の悲しみは起こらないと思った父の死。それでもそれ以上のことが起き、それを一つ一つ乗り越え、いつの間にか強くもなり、冷静にもなり、動じない自分になってきている。それが歳を重ねるということなのかはわからないが、他人に対しての怒りも、もちろん羨みも、嘆きも感じなくなってきている。鈍感になってきていると言ってしまえばそれまでだが、何があっても、動じなくなっている私がいる。

父の言葉が、父の教えが、一つだけの嘘はあったかもしれないが、穏やかな、

4年間の夫との生活が、夫の優しさが、母の生き方が、今の私を作り出している様な気がする。

祖母の死も、母である私の死も、もう覚悟しているという息子。強いて言えば自分の死さえも覚悟しているという。だからこそ諍いや、嘆きや怒りなどと言う無駄な時間を過ごしたくないと言った言葉のとおり穏やかになかなか楽しげに生きている。それでいい。

雑踏。横断歩道で信号待ちをする人々。家族連れの賑やかな笑い声。「今日何食べる?」。後ろに立つ夫婦の会話。子育ても終え、メニューを相談するパートナーも私にはいない。私は、一人だ。これからも一人で生きていくであろう。子供たちや友人と語り合い、一生懸命仕事をし、日々の生活の中のちょっとした喜びを見つけながら、笑って生きていくだろう。アンデルセンでも、グリムでもない、美しさも、醜さも、真実も、嘘っぱちも、恐ろしさも、そして正しさも全てしっかりと見すえながら生きてゆこう。その中で自分の物語を作ってゆこう。

そんな生活の中で書き綴った言葉たちがこうしてまた一冊の本になる。

そこに至るまでに関わってくださった全ての方々に、心から心から感謝申し上げます。

大竹しのぶ

大竹しのぶ

1957年7月17日生まれ。東京都出身。
1973年「ボクは女学生」の一般公募でドラマ出演。1975年映画「青春の門 - 筑豊編 -」ヒロイン役で本格的デビュー。その鮮烈さは天性の演技力と称賛され、同年、連続テレビ小説「水色の時」に出演し、国民的ヒロインとなる。以降、気鋭の舞台演出家、映画監督の作品には欠かせない女優として活躍。その圧倒的な存在感は常に注目を集め、映画、舞台、TVドラマ、音楽等ジャンルにとらわれず才能を発揮し、話題作に相次いで出演。作品毎に未知を楽しむ豊かな表現力により、主要な映画賞、演劇賞を数々受賞し、世代を超えて支持され続けている名実ともに日本を代表する女優。
2011年 紫綬褒章を受章。
2021年 東京2020オリンピック閉会式に出演。

装 幀　山本知香子
写 真　大竹しのぶ
カバーイラスト　大竹二千翔（木と果実）
IMALU（ウサギ）
表紙＆扉＆本文イラスト　大竹二千翔　IMALU
※いずれも幼少期に描いたもの
編集　舘野晴彦
田中美紗貴

初出／朝日新聞夕刊　連載「まあいいか」
2021年4月2日～2023年6月23日付け

JASRAC 出 2307972-301

ヒビノカテ　まあいいか 4

2024 年 1 月 25 日　第 1 刷発行

著　者　大竹しのぶ
発行人　見城 徹
編集人　舘野晴彦

発行所　株式会社 幻冬舎
〒 151-0051 東京都渋谷区千駄ヶ谷 4-9-7
電話：03（5411）6211（編集）
　　　03（5411）6222（営業）
　　　公式 HP　https://www.gentosha.co.jp/

印刷・製本所　中央精版印刷株式会社

検印廃止

Printed in Japan
ISBN978-4-344-04223-0　C0095